चार चतुर एकांकी

बी.ए., हिन्दी भाषा और साहित्य ऑनर्स

चतुर्थ सेमेस्टर

कालिकट विश्वविद्यालय

चार चतुर एकांकी

बी.ए., हिन्दी भाषा और साहित्य ऑनर्स
चतुर्थ सेमेस्टर
कालिकट विश्वविद्यालय

सम्पादक
डॉ. सिन्धु एस.एल.
अध्यक्षा (यु. जी. अध्ययन मंडल)
प्रोफ़ेसर, सरकारी विक्टोरिया महाविद्यालय, पालक्काड, केरल

डॉ. टी.ए. आनन्द
सह आचार्य, परास्नातक हिन्दी विभाग एवं शोध केन्द्र
गवर्नमेंट आर्ट्स एंड साइंस कॉलेज, कोषिक्कोड

डॉ. मीरा पी.आई.
सहायक आचार्या, हिन्दी विभागाध्यक्षा
सामूतिरि गुरूवायूरप्पन कॉलेज, कोषिक्कोड

वाणी प्रकाशन
प्रकाशन के उत्कृष्टतम 62 वर्ष

पहला संस्करण : 2025

vaniprakashan.com

वाणी प्रकाशन

4695, 21-ए, दरियागंज, नयी दिल्ली-110 002

फ़ोन : + 91 11 23273167, 23275710

शाखाएँ

अशोक राजपथ, पटना-800 004, बिहार

कॉफ़ी हाउस कैम्पस, महात्मा गांधी मार्ग, प्रयागराज-211 001, उत्तर प्रदेश

महात्मा गांधी अन्तरराष्ट्रीय हिन्दी विश्वविद्यालय, वर्धा-442 001, महाराष्ट्र

sales@vaniprakashan.in

vaniprakashan@gmail.com

Chaar Chatur Ekanki

Editor : Dr. Sindhu S.L.
Dr. T.A. Anand
Dr. Meera P.I.

ISBN : 978-93-7348-576-8

मूल्य : ₹ 95

जी.एस. ऑफ़सेट, दिल्ली-110 095 में मुद्रित

वाणी प्रकाशन का लोगो मक़बूल फ़िदा हुसैन की कूची से

अनुक्रम

भूमिका

अभिनय कला के क्षेत्र में एकांकी का महत्त्वपूर्ण स्थान है। मानव जीवन के विभिन्न सन्दर्भों को सशक्त संवादों और भाषा शैली में मंच पर प्रस्तुत करने में एकांकी की सफलता है। कथा पात्र विभिन्न देशकाल वातावरण को मंच पर अभिनय के माध्यम से हमारे सामने प्रस्तुत करने पर एकांकी की कलात्मकता अधिक निखर आती है। यह पुस्तक चार एकांकियों का संकलन है। छात्रों को अपने समाज को समझने का अवसर भी यहाँ मिलता है। कथावस्तु जीवन से अधिक सम्बन्धित होने पर इसकी मंचीयता में रुचि बढ़ेगी। किताब का वाचन करते समय इन सन्दर्भों को समझने पर एकांकी में नीरसता नहीं होगी। इस प्रतीक्षा में।

–डॉ. सिन्धु एस.एल.
अध्यक्षा
यु. जी अध्ययन मंडल
कालिकट विश्वविद्यालय

उपेन्द्रनाथ 'अश्क'

मध्यवर्गीय समाज की यथार्थ जीवन-झाँकी को अपने लेखन में सजीवता से अंकित करनेवाले साहित्यकारों में उपेन्द्रनाथ 'अश्क' का नाम अग्रगण्य है। पुराने संस्कारों के प्रति मोह और नयी चेतना के आकर्षण के मध्य लटक रहे और मानसिक द्वन्द्वों से जूझ रहे मध्यवर्ग की यन्त्रणा को सबसे अधिक मुखर स्वर में उनके नाटकों में प्राप्त हुआ है।

पंजाब के जालन्धर नगर में 14 दिसम्बर सन् 1910 को मध्यवर्गीय ब्राह्मण परिवार में अश्क जी का जन्म हुआ। इनके पिता पं. माधोराम स्टेशन मास्टर थे। इन्होंने जालन्धर से मैट्रिक और बी.ए. की परीक्षाएँ उत्तीर्ण कीं। बचपन से ही वे अध्यापक, लेखक, सम्पादक, वक्ता, वकील बनने के स्वप्न देखते थे। बी.ए. पास करने के बाद ये अपने ही स्कूल में अध्यापक हो गए। तत्पश्चात् उसे छोड़कर इन्होंने साप्ताहिक पत्र 'भूचाल' का सम्पादन किया। एक अन्य साप्ताहिक 'गुरु घंटाल' के लिए कहानी-लेखन भी किया। फिर सन् 1936 में कानून की परीक्षा पास की। इसी समय पारिवारिक परिस्थितियों ने इनके जीवन को नयी दिशा दी। यहीं से इनकी लेखकीय प्रतिभा का विकास हुआ। उर्दू में 'नौरतन' और 'औरत की फितरत' कहानी-संग्रह प्रकाशित हुए। इनका प्रथम हिन्दी कहानी-संग्रह 'जुदाई की शाम का गीत' था। ये कृतियाँ आदर्शोन्मुख, कल्पना-प्रधान अथवा कोरी रोमानी थीं। अनुभूति का स्पर्श उन्हें कम मिला था। उसके बाद दो-ढाई वर्ष के समय में ही इन्होंने 'उर्दू-काव्य की एक नयी धारा', 'जय-पराजय', 'पापी', 'वेश्या', 'अधिकार का रक्षक', 'लक्ष्मी का स्वागत', 'जौंक', 'पहेली', 'आपस का समझौता', 'स्वर्ग की झलक', 'पिंजरा', 'प्रात प्रदीप' आदि रचनाओं का प्रणयन किया।

अश्क जी ने प्रीत नगर से निकलनेवाली एक मासिक पत्रिका के उर्दू-हिन्दी—दोनों संस्करणों का सम्पादन भी किया। यहीं उन्होंने कुछ कहानियों के अतिरिक्त 'छठा बेटा' नाटक और 'गिरती दीवारें' उपन्यास का काफी भाग लिखा। सन् 1941 में रेडियो सेवा स्वीकार की और सन् 1945 में बम्बई

में फिल्मों में लेखक का कार्य भी किया। सन् 1948 से सन् 1953 तक के समय में ये जीवन-संघर्ष के साथ-साथ साहित्य-सेवा में भी प्रवृत्त रहे। इन्हीं दिनों इन्होंने इलाहाबाद में नीलाभ प्रकाशन गृह की व्यवस्था की, जिससे इनके सम्पूर्ण साहित्यिक व्यक्तित्व ने रचना और प्रकाशन दोनों दृष्टियों से निखार पाया। इन्होंने साहित्य की विविध विधाओं—कहानी, उपन्यास, निबन्ध, लेख, संस्मरण, आलोचना, नाटक, एकांकी, कविता आदि के क्षेत्र में काम किया। सन् 1972 में इन्हें अपने समस्त कृतित्व के लिए 'सोवियत लैंड नेहरू पुरस्कार' से सम्मानित किया गया।

रचनाएँ

नाटक—'जय-पराजय', 'स्वर्ग की झलक', 'छठा बेटा', 'कैद', 'उड़ान', 'पैंतरे', 'अलग-अलग रास्ते', 'आदर्श और यथार्थ', 'अंजो दीदी'।

एकांकी—'पापी', 'वेश्या', 'लक्ष्मी का स्वागत', 'अधिकार का रक्षक', 'जौंक', 'आपस का समझौता', 'पहेली', 'विवाह के दिन', 'देवताओं की छाया में', 'खिड़की', 'सूखी डाली', 'चमत्कार', 'नया-पुराना', 'बहनें', 'कामदा', 'मे. मूना', 'चिलमन', 'चरवाहे, चुम्बन', 'तौलिये', 'भँवर', 'आदि मार्ग', 'पक्का गाना', 'तूफान के पहले', 'कइसा साब कइसी आया', 'अन्धी गली के आठ एकांकी', 'पर्दा उठाओ पर्दा गिराओ', 'बतसिया', 'कस्बे में क्रिकेट क्लब का उद्घाटन', 'मस्केबाजों का स्वर्ग', 'साहब को जुकाम है'।

उपन्यास—'सितारों के खेल', 'गिरती दीवारें', 'गर्म राख', 'बड़ी-बड़ी आँखें', 'पत्थर अल पत्थर'।

कहानी—'अंकुर', 'नासूर', 'चट्टान', 'डाची', 'पिंजरा', 'गोखरू', 'बैंगन का पौधा', 'मेमने', 'दालिये', 'काले साहब', 'बच्चे', 'उबाल', 'कैप्टन रशीद' आदि कुल डेढ़-दो सौ कहानियाँ।

काव्य—'दीप जलेगा', 'चाँदनी रात और अजगर', 'बरगद की बेटी'।

संस्मरण—'मंटो मेरा दुश्मन'।

अनुवाद—'रंगसाज' (चेखव के लघु उपन्यास का अनुवाद), 'ये आदमी ये चूहे', 'हिज एक्सेलैंसी'।

सम्पादन—'प्रतिनिधि एकांकी', 'रंग एकांकी'।

इनके प्रायः सभी एकांकी रंगमंच की दृष्टि से उत्कृष्ट हैं। लेखक होने के साथ-साथ अच्छा कलाकार और कुशल रंगमंच निर्देशक होना जिसमें विशेष सहायक रहा है।

सूखी डाली

पात्र-परिचय

बेला (छोटी बहू)	रजवा
छोटी भाभी	पारो
(बेला की सास, इन्दु की माँ)	
मँझली भाभी	दादा
बड़ी भाभी	कर्मचन्द
मँझली बहू	परेश
बड़ी बहू	भाषी
इन्दु	मल्लू

पहला दृश्य

(मानव प्रगति के इस युग में, जब व्यक्तिगत स्वतन्त्रता को अराजकता की हद तक महत्व दिया जाता है और तानाशाही को 'सभ्य' समाज में अत्यन्त निन्दनीय माना जाता है, दादा मूल राज अपने समस्त कुटुम्ब को एक यूनिट बनाये, उस पर पूर्णरूप से अपना प्रभुत्व जमाये, उस महान बरगद की तरह अटल खड़े हैं, जिसकी लम्बी-लम्बी डालियाँ उनके आँगन म एक बड़े छाते की तरह धरती को आच्छादित किये हुए, वर्षों से तूफानों और आँधियों का सामना किये जा रही हैं।)

बड़ी बहू : *(इन्दु के कंधों पर अपने दोनों हाथ रखते हुए)* आखिर कुछ कहो भी, क्या कह दिया छोटी बहू ने?

इन्दु : *(चुप)*

बड़ी बहू : क्या कह दिया उसने, जो इतनी बिफरी हुई हो?

इन्दु : *(क्रोध से)* और क्या ईंट मारती।

बड़ी बहू : मेरे मायके में यह होता है, मेरे मायके में यह नहीं होता। *(हाथ मटका कर)* अपने और अपने मायके के सामने तो वह किसी

को कुछ गिनती ही नहीं। हम तो उसके लिए फूहड़, गँवार और मूर्ख हैं।

बड़ी बहू : *(आश्चर्य से)* क्या।

इन्दु : बैठक के बाहर मिश्रानी खड़ी रो रही थी। मैंने पूछा तो मालूम हुआ कि बहू रानी ने उसे काम से हटा दिया है।

बड़ी बहू : *(उसी आश्चर्य से)* काम से हटा दिया। भला क्या कसूर था उसका?

इन्दु : कसूर यह था कि उसे काम करना नहीं आता।

बड़ी बहू : *(स्तम्भित होकर)* काम करना नहीं आता।

इन्दु : उस बेचारी ने कहा भी मैं दस पाँच दिन में सब कुछ सीख जाऊँगी। भला कै दिन हुए हैं मुझे आपका काम करते, किन्तु वह रानी न मानी। झाड़न उसके हाथ से छीन लिया और कहा कि हट तू, मैं सब कुछ कर लूँगी। अभी तक इतना तो सलीका नहीं कि बैठक कैसे साफ की जाती है, दस पाँच दिन में तू क्या सीख जायेगी?

बड़ी बहू : सलीका नहीं......।

इन्दु : मैंने जाकर समझाया कि भाभी दस साल से यही मिश्रानी घर का काम कर रही हैं। घर भर की सफाई करती है, बर्तन मलती है, कपड़े धोती हैं। जाने तुम्हारा कौन-सा ऐसा काम है जो इससे नहीं होता और फिर मैंने समझाया कि भाभी नौकर से काम लेने की भी तमीज होनी चाहिए।

बड़ी बहू : हाँ, और क्या.......।

इन्दु : झट से बोली, 'वह तमीज तो बस आप लोगों को है।' मैंने कहा तुम तो लड़की हो। मैं तो सिर्फ यह कहना चाहती थी कि नौकर से काम लेने का भी ढंग होता है। इस पर तुनक कर बोली और वह ढंग मुझे नहीं आता मैंने नौकर जो यही आकर देखे हैं। फिर कहने लगीं, काम लेने का ढंग उसे आता है, जिसे काम की परख हो। सुबह-शाम झाड़ू लगा देने से ही तो कमरा साफ नहीं हो जाता। उसकी बनावट-सजावट भी कोई चीज है। न जाने तुम लोग किस तरह इन फूहड़ नौकरों से गुजारा कर लेती हो। मेरे मायके में तो ऐसी गँवार मिश्रानी दो दिन छोड़, दो घड़ी भी न टिकती।

बड़ी बहू : कही उसने ये सब बात।

इन्दु : और कैसे कही जाती हैं। जब से आयी हैं, यही तो सुन रहे हैं—नौकर अच्छे हैं तो उसके मायके में, खाना पीना अच्छा है तो उसके मायके में, कपड़े पहनने का ढंग आता है तो उसके मायके वालों को, हम तो न जाने कैसे जी रहे हैं। *(नाक-भौं चढ़ाकर)* यहाँ के लोगों को खाना-पीना, पहनना-ओढ़ना कुछ भी नहीं आता। हमा नौकर गँवार, हम खुद गँवार....

बड़ी बहू : *(चकित विस्मित सिर्फ सुनती है)*

इन्दु : मैंने भी कह दिया—क्या बात है भाभी तुम्हारे मायके की! एक नमूना तुम्हीं जो हो। एक मिश्रानी भी ले आतीं तो हम गँवार भी उससे कुछ सीख लेते। दाँयी दीवार के कमरे से छोटी भाभी *(इन्दु की माँ और छोटी बहू बेला की सास)* प्रवेश करती हैं। उसके पीछे-पीछे रजवा है।

छोटी भाभी : क्यों इन्दु बेटी, क्या बात हुई—यह रजवा रो रही है। कोई कड़वी बात कह दी छोटी बहू ने इसे?

इन्दु : मीठी वो कब कहती है, जो आज कड़वी कहेगी।

छोटी भाभी : यह आज तुम कैसी जली कटी बात कर रही हो। छोटी बहू झगड़ा हो गया है क्या?

रजवा : *(भरे हुए गले से)* माँ जी, आज उन्होंने बरबस मुझे काम से हटा दिया। इतने बरस हो गये आपकी सेवा करते, कभी किसी ने इस तरह बेइज्जती न की थी। मुझे तो माँ आप अपने पास ही रखियेगा। आज से उनका काम न करने जाऊँगी।

छोटी भाभी : यह तो बच्ची है मिश्रानी, तू भी उसके साथ बच्ची हो गयी।

इन्दु : *(मुँह से बिचका कर व्यंग्य से)* जी हाँ, बच्ची है! रोटी को चोची कहती है। उसे तो बात ही करना नहीं आता! *(क्रोध से)* अपने मायके के सामने तो वह किसी को कुछ समझती ही नहीं और फिर गज-भर बड़ी बहू की जबान।

बड़ी बहू : बात यह है : छोटी माँ, कि छोटी बहू को हमारा खाना-पीना, पहनना-ओढ़ना, कुछ भी पसन्द नहीं। उसे हमसे, हमारे पड़ोस से हमारी हर बात से घृणा है।

छोटी भाभी : *(चिन्ता से)* फिर कैसे चलेगा? हमारे घर में तो मिलकर रहना,

बड़ों का आदर करना, अपने घर की रूखी सूखी को दूसरों की चुपड़ी से अच्छा समझना नौकरों पर दया और छोटों पर।

(मँझली बहू बाहर से हँसती हुई प्रवेश करती है।)

मँझली बहू : खिहि-खिहि-खिहि हा-हा-हा।

इन्दु : क्या बात है भाभी जो हँसी के मारे लोट-पोट हुई जाती हो?

मँझली बहू : खिहि-खिहि *(हाथ पर हाथ मारती है)* हा-हा-हा-हा-हा-हा

(गैलरी से मँझली भाभी और बड़ी भाभी प्रवेश करती हैं।)

दोनों : क्या बात है जो आज इतनी हा, ही, ही, हो रही है।

इन्दु : यह भाभी है कि बस हँसे जा रही हैं, कुछ बताती ही नहीं।

मँझली बहू : मैं कहती हूँ। *(फिर हँस पड़ती है।)*

बड़ी बहू : आखिर कुछ कहो भी।

मँझली बहू : आज भाई परेश की वो गत बनी कि बेचारे अपना-सा मुँह ले कर रह गये खिहिहि-हा-हा-हा-हा-हा-हा-हा।

छोटी भाभी : ओ हो, तुम्हारी हँसी भी बहू....।

मँझली बहू : मैं क्या करूँ, मैं हँसी के मारे भर जाऊँगी छोटी माँ! अभी भी छोट बहू ने परेश की वो गत बनायी कि बेचारा अपना-सा मुँह लेकर दादा जी के पास भाग गया।

बड़ी बहू : क्या बात हुई?

मँझली बहू : मैं तो उधर सामान रखने गयी थी। बहुत बात तो मैंने सुनी ही नहीं। बहुत समझ भी नहीं पाई अंग्रेजी में गिटपिट कर रहे थे। छोटी बहू का पारा कुछ चढ़ा हुआ था। इतना मालूम हुआ कि परेश नहाकर कमरे में गया तो इन्दु बहू रानी ने सारा फर्नीचर निकाल कर बाहर रख दिया था। परेश ने कारण पूछा। छोटी बहू ने कहा, मैं इन टूटी-फूटी कुर्सियों और गले-सड़े फर्नीचर को अपने कमरे में न रहने दूँगी। परेश कहने लगा, 'हमारे बुजुर्ग'। बात काट कर छोटी बहू ने कहा, हमारे बुजुर्ग तो नंगे बुच्चे जंगलों में घूमा करते थे तो क्या हम भी उनकी तरह नंगे घूमें। *(हँसती है)* और जो सामान पड़ा था वो भी उठाकर बाहर फेंक दिया।

इन्दु : फिर-फिर

मँझली भाभी : छोटी बहू।

छोटी भाभी : यह तो -।

मँझली बहू : परेश ने कहा, 'इस फर्नीचर पर हमारे दादा बैठते थे, पिता बैठते थे, चाचा बैठते थे।' उन लोगों को कभी शर्म नहीं आयी, उन्होंने कभी फर्नीचर के गले-सड़े होने की शिकायत नहीं की, अब अगर मँझली और मैं जाकर इसे रखने में आपत्ति करूँगा तो दादा कहगे कि तहसीलदार होते ही लड़के का सिर फिर गया है *(हाथ मटका कर)* न भाई! मैं यह बात उनसे नहीं कह सकता।

मँझली और बड़ी भाभी : हाँ, ठीक ही तो कहा परेश ने।

छोटी भाभी : परेश-मेरा बेटा भला।

मँझली बहू : तब बहू ने कहा-'तो न कहो-मैं तो इस गले-सड़े समान को कमरे के पास तक न फटकने दूँगी।' इस बेढंगे फर्नीचर से तो नीचे धरती पर चटाई बिछाकर बैठे रहना अच्छा है। मेरे मायके गें।

इन्दु : *(क्रोध से)* बस, उसे तो अपने मायके की पड़ी रहती है, चौबीसों घड़ी।

मँझली बहू : और छोटी बहू ने अपने मायके के बड़े-बड़े कमरों और उनके कीमती फर्नीचर का बखान किया। *(हँसती है)* और महाशय परेश की एक भी न चलने दी। बेचारे भीगी बिल्ली बने दादाजी के पास चले गए खि हि हि खि हि हि.......।
[हँसती है। दूसरी भी उसके साथ हँसती है।]

मँझली बहू : मैं तो चुपके से चली आई *(मुँह बिचका कर)* जबान है छोटी बहू की या कतरनी और फिर जब अंग्रेजी बोलने लगती है तो कुछ समझ में ही नहीं आता। परेश बेचारा तो अपना-सा मुँह लेकर रह जाता है। तहसीलदार कैसे बन गया?

इन्दु : बस जबान ही जबान है। बात तो तब है, जब काम भी हो। एक काम को कहो नाक-भौं चढ़ाती है। दादाजी ने चार कपड़े धोने को कहा था, वो तो पड़े गुसलखाने में गल रहे हैं।

छोटी भाभी : गुसलखाने में गल रहे हैं। तू उठा क्यों न लाई उन्हें? जा भागकर उठा ला और फटक कर आँगन में डाल दे। मैं बहू को समझा दूँगी-इस तरह कैसे चलेगा...*(और भी चिन्ता से)*

परेश ने समझाया नहीं उसे?

इन्दु : परेश की तो वहाँ बड़ी सुनवायी होती है। [हँसती है]

मँझली बहू : वह मलमल के थान और अबरों की बात याद है न अभी तक पड़े हुए हैं, कह-कह कर हार गए परेश महाशय। बहू रानी ने हाथ तक न लगाया, उन्हें और वे शर्म के मारे ले जाते नहीं दादाजी के पास। कचहरी में होंगे तहसीलदार, घर में तो मुलजिमों से भी गए-बीते हो जाते हैं। *(हँसती है, इन्दु और बड़ी बहू भी हँसती है।)*

छोटी भाभी : पर दादाजी के कपड़े.....

बड़ी भाभी : तुम भी बहन बस......क्या इतना पढ़-लिख कर छोटी बहू कपड़े धोएगी?

इन्दु : क्यों? उसके हाथ नमक मिट्टी के हैं, जो गल जाएँगे। *(बाहर से दादा के हुक्का गुडगुड़ाने की आवाज आती है।)*

छोटी भाभी : तुम चलो इन्दु कपड़े फटक कर अहाते में डाल दो। शायद उन्हें जरूरत हो, माँगगे तो.....मैं बहू को समझा दूँगी। *(पर्दा गिरता है।)*

दूसरा दृश्य

(वही बरामदा। दाँयी ओर के तख्त पर बिस्तर बिछा हुआ है। दीवार के साथ तकिया लगा है। दादा आराम से तकिये के सहारे बैठे हुक्का गुड़गुड़ा रहे हैं। उनका मँझला लड़का कर्मचन्द पास बैठा उनके पैर दबा रहा है। हुक्का पीते-पीते दादा बच्चों को बाहर अहाते में खेलते देख रहे हैं। गुसलखाने से हैंड-पंप के जल्दी-जल्दी चलने की आवाज आ रही है। शायद कोई बच्चा उसे चला रहा है। क्योंकि कर्मचन्द की भृकुटी तन गई है।) (पर्दा उठने के कुछ क्षण बाद तक नल के चलने और हुक्के के गुड़गुड़ाने की आवाज आती रहती है। फिर—)

कर्मचन्द : *(क्रोध से)* बस करो जगदीश! क्या खट-खट लगा रखी है? जरा आराम करने दो। अभी-अभी खाना खाकर बैठे हैं कि तुम।

दादा : *(हुक्के की नली को हटाकर उधर देखते हुए)* नहीं नहीं। खेलने दो बच्चों को। *(फिर हुक्का गुड़गुड़ाते हैं)* बच्चे *(हँराते हैं)* बरगद की टूटी डाली लाकर आँगन में लगा दी और उसे पानी दे रहे हैं-(हँसते हैं) नहीं हैं-जानते कि पेड़ से टूटी डाली

महज पानी देने से नहीं पनपती। *(हुक्का गुड़गुड़ाते हैं, फिर नली छोड़कर कर्मचन्द से)* मैं कहा करता हूँ न बेटा कि एक बार पेड़ से जो डाली टूट गई, गई। उसे लाख पानी दो, उनम वह ताजगी न आयेगी और हमारा यह परिवार बरगद के इस महान पेड़ की तरह है।

कर्मचन्द : लेकिन शायद अब इस पेड़ से एक डाली टूट कर अलग हो जाये।

दादा : *(चिन्ता से)* क्या कहते हो! कौन अलग हो रहा है?

कर्मचन्द : शायद छोटा अलग हो जाए।

दादा : परेश! पर क्यों उसे क्या तकलीफ है।

कर्मचन्द्र : उसे तो नहीं, तकलीफ छोटी बहू को है।

दादा : लेकिन मुझे किसी ने बताया तक नहीं। कोई शिकायत थी तो उसे वहीं मिटा देना चाहिए था। हल्की-सी खरोंच भी, अगर उस पर फौरन दवाई न लगा दी जाय, तो वह बढ़ कर एक बड़ा घाव बन जाती है और वही घाव नासूर हो जाता है, फिर लाख मरहम लगाओं, ठीक नहीं होता।

कर्मचन्द : मैं ठीक तो नहीं जानता, पर जहाँ तक मेरा ख़याल है, छोटी बहू के मन में घमंड की मात्रा जरूरत से कुछ ज्यादा है। मैंने वे मलमल के थान और रजाई के अबरे- लाकर दिये थे न। और सब ने तो रख लिये, पर सुना है कि छोटी बहू को पसन्द नहीं आये। ये अपने मायके के घराने को शायद वह इस घराने से बड़ा समझती है और इस घर को नफरत की नजर से देखती है।

दादा : बेटा बड़प्पन बाहर की चीज नहीं-बड़प्पन तो मन का होना चाहिए। फिर घृणा को बेटा, घृणा से नहीं मिटाया जा सकता। बहू तभी अलग होना चाहेगी जब उसे नफरत के बदले नफरत दी जायेगी, लेकिन यदि उसे घृणा के बदले स्नेह मिले तो उसकी सारी नफरत धुँधली पड़कर एकदम मिट ही जायेगी। *(हुक्का गुड़ गुड़ाते हैं)* और बड़प्पन भी बेटा, किसी से मनवाया नहीं जा सकता। अपने व्यवहार से अनुभव कराया जा सकता है। ठूँठ पेड़ आकाश को छूने पर भी अपने बड़प्पन का सिक्का

हमारे दिलों पर उस वक्त तक नहीं बैठा सकता जब तक वह अपनी शाखाओं में ऐसे पत्ते नहीं लाता, जिनकी ठण्डी-ठण्डी छाया मन से सारे ताप को न हर ले और जिसके फूलों की भीनी-भीनी खुशबू हमारे मन-प्राण को हरा न कर दे।

भाषी : दादाजी, मल्लू और जगदीश ने मेरा बरगद का पेड़ उखाड़ दिया *(मल्लू से लड़ते हुए चीख-चीख कर)* क्यों उखाड़ा तूने मेरा पेड़- क्यों उखाड़ा.....?

दादा : पेड़! *(हँसते हैं)* बच्चे! *(हँसते हैं)* ठहरो, लड़ो मत बेटा। जाना कर्मचन्द जरा हटाना इन दोनों को......। *(कर्मचन्द जाता है। दादा फिर हुक्के की नली मुँह से लगा लेते हैं- परेश नीची नजर किये प्रवेश करता है।)*

दादा : आओ बेटा परेश वो मैंने एक दो कपड़े भेजे थे न, जरा देखना बहू ने उन्हें धो डाला है या नहीं। धो डाले हों तो ले आओ जरा। फिर तुमसे बात करूँगा।

परेश : मैं शर्मिन्दा हूँ......।

दादा : नहीं धुले तो फिर धुल जाएँगे बेटा! आओ, इधर बैठो मेरे पास। मैं तो तुम्हें बुलाने ही वाला था। आओ-आओ इधर आकर बैठो। *(फिर हुक्का गुड़गुड़ाने लगते हैं। परेश चुपचाप दादा के पास बैठ जाता है।)*

दादा : *(फिर हुक्का गुड़गुड़ाना छोड़कर)* मुझे कर्मचन्द से अभी पता चला है कि तुम्हारी बहू को रजाई, अबरे और मलमल का थान पसन्द नहीं आया। देखो बेटा, तुम उसे शहर ले जाओ और उसकी पसन्द की चीज ले दों।

परेश : मैं....मैं....लेकिन समझा था कि और सबने थान और अबरे रख लिए हैं।

दादा : हाँ और तो सब ने रख लिये हैं, पर छोटी बहू को शायद ये डिजाइन पसन्द नहीं आये। तुम्हारे ताऊ ठहरे पुराने जमाने के आदमी। वो नये फैशन की चीज खरीदना क्या जाने। तभी तो मैं कहता हूँ कि छोटी बहू को बाजार ले जाओ। वह खुद अपने पसन्द की चीजें ले आयेगी।

परेश : जी.....।

दादा : *(हुक्के का कश लगाकर)* और मैं सोचता था कि अब बहू आ गई है तो इन्दु का दहेज तैयार करने में भी मदद देगी।

परेश : जी, मैं इसीलिए आया था.....।

दादा : हाँ, हाँ कहो झिझकते क्यों हो।

परेश : जी, बात यह है कि इस घर में बेला का मन नहीं लगता।

दादा : इतनी जल्दी उसका मन कैसे लग सकता है बेटा! अभी कै दिन हुए हैं, उसे यहाँ आए और फिर बेटा, मन लगता नहीं, लगाया जाता है।

परेश : वह मन लगाती ही नहीं।

दादा : तो हमें उसका मन लगाना चाहिए। वह भी एक बड़े घर से आयी है। अपने पिता की इकलौती लड़की है। कभी नाते-रिश्तेदारों में रही नहीं। इस भीड़-भाड़ से घबराती होगी। इतने शोर-शराबे से परेशान होती होगी। हम सब मिलकर इस घर में उसका मन लगायेंगे।

परेश : उसे कोई भी पसन्द नहीं करता। सब उसकी निन्दा करते हैं। अभी मेरे पास माँ, बड़ी ताई, मँझली भाभी, बड़ी भाभी, इन्दु, रजवा-सब आयीं थीं, सब उसकी शिकायत करती थीं, ताने देती थीं कि तू उनके हाथ बिक गया है, तू उसे कुछ नहीं समझाता और इधर वह उन सबसे दुखी है, कहती है सब मेरा अपमान करती हैं, सब मेरी हँसी उड़ाती हैं, मेरा समय नष्ट करती है। मैं ऐसा महसूस करती हूँ जैसे मैं परायों में आ गयी हूँ अपनापन एक भी मुझे नहीं देता...आप मेरी मानें तो...।

दादा : हाँ, हाँ, कहो...।

परेश : बात यह है दादाजी कि वह आजादी चाहती है। दूसरों का हस्तक्षेप,दूसरों की आलोचना उसे पसन्द नहीं...। [दादा सिर्फ हुक्का गुड़गुड़ाते हैं।]

और वह अपनी अलग गृहस्थी बसाना चाहती है। जहाँ उसे कोई टोकने वाला न हो, जहाँ वह अपनी मर्जी से अपना जीवन बिता सके। वह चाहती है कि यदि बाग वाला मकान उसे मिल जाये तो वह सुख और शान्ति से रहे। मैं तो सदा यहाँ बना न रहूँगा, कुछ ही दिनों की बात है। मेरी तब्दीली हो

जायेगी। उतने दिन में अगर बाग वाले मकान का प्रबन्ध कर दें। उसकी सारी बेचैनी, सारी तिलमिलाहट की तह में यही इच्छा काम करती है। अब मैं उसे कैसे समझाऊँ...।

दादा : *(कुछ क्षण चुपचाप गुड़गुड़ाते है, फिर)* हूँ। *(खाँसते है)* यों तो इस झंझट से छुटकारा पाने का यही सरल उपाय है कि तुम्हें बाग वाला मकान दे दिया जाये—वह पड़ा भी बेकार है और अभी मैं उससे किसी तरह का काम भी लेने का इरादा नहीं रखता, पर तुम जानते हो बेटा, मेरे जीते-जी यह सम्भव नहीं। *(फिर हुक्का गुड़गुड़ाते हैं)* मैं जब अपने परिवार की कल्पना करता हूँ, तो मेरे सामने बरगद का महान पेड़ घूम जाता है *(खासकर)* शाखाओं, पत्तों, फूलों से, फलों से, भरा हुआ! *(हुक्के के एक दो कश लगाते हैं)* और फिर मेरी आँखों के सामने उस महान पेड़ की डालियाँ टूटने लगती हैं और वह केवल एक ठूँठ रह जाता है *(स्वर धीमा, जैसे अपने-आप से कह रहे हों)* और मैं सिहर उठता हूँ। न बेटा मैं अपने जीते-जी यह सब न होने दूँगा। तुम चिन्ता न करो। मैं सबको समझा दूँगा-घर में किसी को तुम्हारी पत्नी का तिरस्कार करने का साहस न होगा। कोई उसका समय नष्ट न करेगा। ईश्वर की अपार कृपा से हमारे घर सुशिक्षित सुसंस्कृत बहू आयी है तो क्या हम अपनी मूर्खता से उसे परेशान करगे? तुम जाओ बेटा किसी तरह की चिन्ता को मन में जगह न दो। मैं कोई उपाय ढूँढ निकालूँगा। तुम विश्वास रखो, वह अपने आपको परायों से घिरी अनुभव न करेगी। उसे वही आदर-सत्कार मिलेगा, जो उसे अपने घर में हासिल था।

परेश : जैसा आप ठीक समझें।

दादा : और देखो, तुम खुद भी इस बात का ध्यान रखना, तुम्हारी किसी बात से उसका मन न दुखे। कोई भी ऐसी बात न करो, जिसे वह अपना अपमान समझें। *(परेश चलने को होता है)*

दादा : और तुम उसे साथ ले जाकर, शहर से सब चीज खरीद लाओं। बाकी किसी बात की चिन्ता तुम न करो, मैं कोई न कोई रास्ता जरूर निकाल लूँगा।

परेश : जैसी आपकी इच्छा।

(चला जाता है। दादा फिर हुक्का गुड़गुड़ाने लगते हैं। हुक्के के कश लम्बे हैं, जो इस बात के साक्षी हैं कि दादा हुक्का पीने के साथ-साथ सोच भी रहे हैं।)

दादा : *(जैसे अचानक उन्हें कुछ सूझ गया हो)* रजवा रजवा....*(फिर हुक्का गुड़गुड़ाते हैं)* रजवा नहीं आती फिर आवाज देते हैं रजवा...रजवा। : (दूर से) जी-आई।
(भागती हुई-सी प्रवेश करती है।)

दादा : छोटी बहू के अलावा सबको मेरे पास भेज दो। कहो कि सब काम छोड़कर यहाँ आयें। *(रजवा जाने लगती है)* और सुनो कोई न रहे सबसे कहना, कुछ देर के लिए सभी यहाँ आ जायें।

रजवा : जी मैं अभी जाकर सबसे कहे देती हूँ। [चली जाती है। दादा फिर हुक्का गुड़गुड़ाने लगते हैं। नल से किसी के कपड़े धोने की आवाज आने लगती है। दादा और लम्बे-लम्बे कश लेते हैं। धीरे-धीरे परिवार के सभी लोग आने लगते हैं। बालक और युवक तख्त और चारपाइयों पर बैठते हैं और स्त्रियाँ बरामदे के फर्श पर। रजवा उनके बैठने के लिए मोढ़े और चटाइयाँ लाकर बिछा देती हैं।]

दादा : *(हुक्का पीना छोड़कर)* इन्दु कहाँ है, वह नहीं दिखती? *(फिर हुक्का गुड़गुड़ाने लगते हैं और एक नजर सबको देखते हैं। रजवा स्नान-गृह को जाने वाले दरवाजे में जाकर इन्दु को आवाज देती है। कपड़े धोने का स्वर जो इस बीच निरन्तर आता रहा था, सहसा बन्द हो जाता है।)*

इन्दु : *(बाहर से)* जी आयी! *(अन्दर आकर)* मैं नल पर थी। कपड़े धोने में लगी थी।

दादा : *(एक कश खींचकर)* बैठो बेटा। (दो क्षण तक हुक्का गुड़गुड़ाते मैंने तुम सबको एक खास काम से बुलाया है। मुझे यह सुनकर बड़ा दुख हुआ कि छोटी बहू का मन यहाँ नहीं लगा।

इन्दु : दादा जी...।

दादा : इन्दु बेटा, मुझे अपनी बात कह लेने दो। मुझे यह जानकर बड़ा दुख हुआ है कि छोटी बहू का मन यहाँ नहीं लगा। दोष उसका नहीं, दोष हमारा है। वह एक बड़े घर की बेटी है,

बहुत पढ़ी-लिखी है। सबसे आदर पाती और राज करती आयी है। यहाँ वह सिर्फ छोटी बहू है यहाँ उसे हर एक का आदर करना पड़ता है। हर एक से दबना पड़ता है। हर एक का हुक्म मानना पड़ता है। यहाँ उसका व्यक्तित्व दबकर रह गया है। मुझे यह बात पसन्द नहीं। *(कुछ क्षण हुक्का गुड़गुड़ाते हैं।)* बेटा, बड़ा असल में कोई उम्र से या दर्जे से नहीं होता। बड़ा तो बुद्धि से होता है, योग्यता से होता है। छोटी बहू उम्र में न सही, अक्ल में हम सबसे निश्चय ही बड़ी है। हम चाहिए कि उसकी बुद्धि से उसकी काबिलियत का लाभ उठायें। मैं चाहता हूँ कि उसे यहाँ वही आदर सत्कार मिले, जो उसे अपने घर में हासिल था। सब उसका कहना मानें, उसे सलाह दें तब मैं खुश रहूँगा। अगर उसका काम भी तुम लोग आपस में बाँट लो और उसे पढ़ने-लिखने का ज्यादा मौका दो। उसे महसूस ही न हो कि वह किसी दूसरे घर में, किसी दूसरे वातावरण में आ गयी है। [फिर कुछ क्षण हुक्का गुड़गुड़ाते हैं।]

दादा : बेटा, यह परिवार एक महान पेड़ है। हम सब इसकी डालियाँ हैं। डालियों से ही पेड़ है और डालियाँ छोटी हों चाहे बड़ी, सब उसकी छाया को बढ़ाती हैं। मैं नहीं चाहता, कोई डाली इससे टूटकर द अलग हो जायें। तुम हमेशा मेरा कहना मानते रहे हो। बस यही बात मैं कहना चाहता हूँ .....अगर मैंने सुन लिया-किसी ने छोटी बहू का निरादर किया है उसकी हँसी उड़ायी है या उसका समय नष्ट किया है, तो इस घर में मेरा नाता सदा के लिए टूट जायेगा। अब तुम सब जा सकते हो। [फिर हुक्का गुड़गुड़ाते हैं। सब धीरे-धीरे जाने लगते हैं।]

दादा : इन्दु बेटा और मँझली बहू, तुम जरा बैठो। [दोनों के अतिरिक्त बाकी सब चले जाते हैं।]

दादा : मँझली बहू तुम अपनी हँसी को उन लोगों तक ही सीमित रखो बेटा, जो उसे सहन कर सकते हैं। बाहर के लोगों पर घर में बैठ कर हँसा जा सकता है, लेकिन घर के लोगों को तब तक हँसी का निशाना बनाना ठीक नहीं, जब तक वो पूरी तरह घर का अंग न बन जायें और इन्दु बेटा, तेरी छोटी

भाभी बड़ी बुद्धिमती, सुशिक्षित और सुसंस्कृत है, तुझे उसकी हँसी उड़ाने, उससे लड़ने-झगड़ने के बदले उसका आदर करना चाहिए, उससे कुछ सीखना चाहिए। तुम दोनों को इस मामले में खास तौर पर सावधान रहना चाहिए। *(फिर दादा हुक्का गुड़गुड़ाने लगते हैं, क्षण भर बाद।)*

दादा : अब तुम जाओ और देखो फिर मुझे शिकायत का मौका न मिले। *(गला भर आता है)* यही मेरी इच्छा है कि सब डालियाँ साथ-साथ बढ़े, फलें, फूलें और जिन्दगी की छुअन से झूम और सरसायें। पेड़ से अलग होने वाली डाली की कल्पना ही मुझे सिहरा देती है।

इन्दु : माफ कर दीजिए दादाजी, हमारी तरफ से आपको कभी शिकायत का मौका न मिलेगा। [दोनों चली जाती हैं। दादा कुछ देर हुक्का गुड़गुड़ाते हैं, फिर बाहर खेलते हुए बच्चों को आवाज देते हैं।]

दादा : भाषी, मल्लू, जगदीश! आओ, आज तुम्हें एक कहानी सुनाऊँ बरगद के पेड़ और उसके बच्चों की।

भाषी : *(दरवाजे से झाँककर)* हम सुन चुके हैं। हम नहीं आते। हम नहीं आते। हर बार वही कहानी।

मल्लू : चाँद राजा, तारा राजा की सुनाओ तो आयें। हर बार वही कहानी-*(नकल उतार कर)* एक था बरगद का पेड़।
[हँसते हुए भाग जाते हैं।]

दादा : *(हँसते हैं)* यही कहानी, यही कहानी तो परिवार का, समाज का, राष्ट्र का निर्माण करती है। यही तो जिंदगी को सुदृढ़ विशाल और महान बनाती है। [हुक्का गुड़गुड़ाने लगते हैं- पर्दा गिरता है।]

तीसरा दृश्य

(वही बरामदा-दोनों तख्त पूर्ववत खिड़कियों के बराबर रखे हुए हैं और दो चारपाइयाँ वैसे ही दीवार के साथ लगी खड़ी हैं। हाँ कुर्सी बीच में आ गई है लगता है कि इस पर छोटी बहू-बेला बैठी धूप ले रही थी। लेकिन पर्दा उठने पर वह आकुलता से बरामदे में घूमती हुई दिखायी देती है। एक हाथ में पुस्तक है। जैसे पढ़ते-पढ़ते ख्याल आ जाने से उठ के बे घूमने लगती है।)

बेला : [अपने आपस] मैं किन लोगों में आ गयी हूँ। ये कैसे लोग हैं कुछ भी तो समझ नहीं सकी। आज कुछ हैं कल कुछ। पल में तोला पल में माशा। इनका कुछ भी तो पता नहीं चलता। [फिर सोचती हुई धीरे-धीरे घूमती है।]

बेला : गर्म होते हैं तो आग बन जाते हैं, नर्म होते हैं तो मोम से भी कोमल दिखाई देते हैं। [जाकर फिर कुर्सी पर बैठ जाती है और पुस्तक खोल लेती है। अंदर गैलरी से उसकी सास, छोटी भाभी आती हैं।]

छोटी भाभी : तुम ठीक कहती थी बेटी-इस रद्दी सामान से बैठक, बैठक नहीं कबाड़ी का गोदाम दिखाई देता था। सोचती थी कि यह सामान इतने दिनों इस कमरे में वेला पड़ा है, कुछ ऐसा बुरा भी नहीं आखिर इस पर इतने दिनों से सब बैठते आ रहे हैं, कहीं दादाजी बुरा न मान पर अच्छा किया। तुमने वह सब उठा दिया। मैंने परेश से कह दिया है, तुम उसके साथ जाकर अपनी पसन्द का खरीद लाओ। यह सब मैं रजवा से कहकर सुरेश के कमरे में भिजवा देती हूँ। कई बार निगोड़ी इन्हीं कुर्सियों के लिये, वह मुझसे रूठ चुकी है।

बेला : आप बैठिए माँ जी।

छोटी भाभी : बस तुम बैठो बेटी! मैं तो यों ही इधर बैठे देखकर चली आयी। अनाज पड़ा है, उसे फटकना है मिर्चे पड़ी हैं, उन्हें कूटना है मक्खन कई दिनों का इकट्ठा हो गया है, उसका घी बनाना है। बीसों दूसरे काम हैं और दिन ढल रहा है। मैं सोचती थी, तुमने मेरी बात का बुरा न माना हो। असल में बेटी, रजवा मेरे पास आकर फूट-फूट कर रो दी। नौकरानी समझदार, भरोसे-वाली और आज्ञाकारी है, लेकिन जो काम उसने कभी किया ही न हो, वह उससे किस तरह हो सकता है।

बेला : *(उठती हुई)* आप बैठिए तो.....।

छोटी भाभी : *(उसके कंधों पर हाथ रखकर उसे बैठाते हुए)* बैठो-बैठो कट न करो। मैं तुम्हारा ज्यादा समय नष्ट न करूँगी। मैं तो सिर्फ तुमसे उसकी सिफारिश करने आई थी। पुरानी औरत है, जल्दी ही वात का बुरा मान जाती है। तुम यों करना कि ज्यों ही

नया फर्नीचर आ जाए, अपने सामने लगवाकर रजवा को एक बार झाड़ना बुहारना सिखा देना। फिर वह गलती नहीं करेगी। न हो तो कभी बता देना मैं उसे समझा दूँगी।

बेला : नहीं, नहीं आप...।

छोटी भाभी : तुम पढ़ी-लिखी समझदार हो बेटी, इसलिए तुमसे इतना कह दिया है। यों तुम चाहो तो कोई दूसरा प्रबन्ध हो जायेगा। तुम इस बात की जरा भी चिन्ता न करो। चलने को उद्यत होती है।

बेला : आप दो पल बैठिए तो सही......।

छोटी भाभी : नहीं-नहीं तुम अपना पढ़ो। मैं बेकार तुम्हारा वक्त खराब न करूँगी। [चली जाती है।]

बेला : *(पुस्तक बन्द कर लम्बी साँस लेती हुई जैसे अपने-आप)* इन लोगों के कुछ भी तो समझ नहीं आती। ये माँ जी एकदम।

बड़ी बहू : बैठिए-बैठिए मँझली भाभी, आप भाभी, आप भी बैठिए।

बेला : मैं चलती हूँ......।

[रूलाई को रोककर आँखों पर रूमाल रखे, जल्दी-जल्दी चली जाती है।]

म.भाभी : *(जैसे अपने आपसे)* परायों का सा....।

[बाहर से मँझली बहू के ठहाके की आवाज आती है-दूसरे क्षण वह इन्दु और पारो के कंधे पर झूलती हुई बाहर के दरवाजे से आती है।]

इन्दु : सच...।

म. बहू : *(हँसी रोककर)* और क्या मैं झूठ कह रही हूँ। मैंने अपनी इन दो आँखों से देखा है! *(हँसती है)* मलावी ने सारी की सारी छत फावड़े से खोद डाली और बंशीलाल महाशय मुँह देखते रह गए।

[सब ठहाका मार हँस पड़ती हैं]

बड़ी बहू : भई मुझे भी बताना-क्या किया मलावी ने.......सच।

[मँझली बहू चारपाई बिछाकर उसमें धँस जाती है। उसकी एक ओर इन्दु और दूसरी ओर पारो बैठ जाती है। मँझली भाभी कुर्सी पर बैठती है और बड़ी बहू खड़ी रहती है।]

म. भाभी : *(कुर्सी को जरा खिसका कर समीप होते हुए)* बंशीलाल के सामने उखाड़-कर फेंक दी छत मलावी ने?

म. बहू : मैं कहती हूँ मुँह देखते रह गए बंशीलाल महाशय, ताका किये मुटुर-मुटुर...।

[सब ठहाका लगाते हैं।]

बड़ी बहू : अरे कौन-सी छत खोद डाली, यह तो बताओ।

म. बहू : रसोई की और कौन-सी। अभी दो घंटे हुए राज मजदूर छत डालकर गये थे और बंशीलाल कारीगरों और मजदूरों से निबटकर अभी दुकान को गया था कि आ गयी उधर से मालावी मारामार करती। जाने किसने उसे जाकर बताया तुम्हारे देवर ने अपने रसोई पर छत डाल ली है। लेके फावड़ा बस सारी की सारी छत उसने खोद डाली। बंशीलाल तब पहुँचे जब आखिरी कड़ी भी उखड़ चुकी थी, तब क्या करते बस ताका किये मुटुर-मुटुर...।

[मझली भाभी को छोड़कर सब हँसती हैं।] अभी परसों मुझे इसी रजवा के लिये डाँट रही थी। इनका कुछ भी पता नहीं चलता।

[फिर पढ़ने लगती है बड़ी बहू और मँझली भाभी बाहर के दरवाजे से प्रवेश करती हैं।]

म. भाभी : क्यों बेटी अब रजवा कुछ काम सीख गयी या नहीं? *(जरा हँसती है)* बुढ़िया है तो सियानी...।

बड़ी बहू : आपने इन्दु से ठीक ही कहा था। हमें असल में काम की परख नहीं, पर अब।

बेला : आइए, इधर बैठिए चारपाई सरका लीजिए।

म. भाभी : *(वैसे ही खड़े-खड़े)* मैंने एक दूसरी नौकरानी खोज लाने के लिए कह दिया है, जो नये फैशन के बड़े घरों में काम कर चुकी हो। असल में बहू दादा जी पुराने नौकरों के हक में हैं- ईमानदार होते हैं और भरोसे वाले। हमारे पास पीढ़ी दर पीढ़ी काम करते आ रहे हैं। इस रजवा की सास भी यहीं काम करती थीं अब रजवा की बहू भी यहीं काम करती है...।

बड़ी बहू : मैं कहती हूँ बहनजी आप रजवा की बहू को ही अपने पास क्यों नहीं रख लेतीं, उसकी उम्र भी कम है और काम भी वह जल्दी सीख जायेगी।

बेला : *(अन्यमनस्क सी)* नहीं, नए नौकर की जरूरत नहीं। रजवा काम सीख जायेगी। *(कुछ चिढ़कर)* पर आप खड़ी क्यों हैं?

म. भाभी : हम तुम्हारा हर्ज न करगी...।

बेला : *(और भी चिढ़कर)* मेरा कुछ हर्ज नहीं होता।

बड़ी बहू : हम आपसे छोटी हैं, दर्जे में भी और समझ में भी।

बेला : *(रूआँसी आवाज में)* आप मुझे क्यों काँटों में घसीटती हैं, आप मेरे साथ क्यों परायों का सा व्यवहार करती हैं...।

[उठ खड़ी होती है।]

म. भाभी : बंशीलाल का लड़का...।

म. बहू : गली के सिरे पर खड़ा ताल ठोंक रहा है।

[जाँघ पर हाथ मारकर बताती है कि कैसे ताल ठोंक रहा है।]

इन्दु : ताल ठोंक रहा है।

म. बहू : *(ठहाका लगाती है)* सच, ताल ठोंक रहा है और हवा में ही ललकार रहा है कि मैं ड्योढ़ी की छत खोद डालूँगा मैं मकान को खंडहर बना दूँगा। मैं ये करूँगा, मैं वो करूँगा और इधर मलावी कमर कसे खड़ी है कि आये जो माई का लाल है रक्खे पाँव घर के भी....।

[सब हँसती हैं।]

इन्दु : *(उँगली होठों पर रखकर)* शशं-श-श, भाभी आ रही हैं।

[हँसी एकदम बन्द हो जाती है, सन्नाटा छा जाता है-बेला एक हाथ में बन्द किताब थामे धीरे-धीरे सीढ़ियाँ उतरती हैं।]

बेला : क्यों जीजी, आप चुप हो गयीं। *(जरा हँसकर)* किस बात पर ठहाके लगाए जा रहे हैं?

म. भाभी : *(कुर्सी से उठकर)* यों ही हँस रही थी। आओ इधर कुर्सी पर बैठो।

बेला : नहीं-नहीं आप बैठिए। मैं इधर तख्त पर बैठ जाती हूँ। *(जल्दी से उठकर)* आइए-आइए, आप इधर बैठिए।

इन्दु और पारो : *(दोनों चारपाई से उठ जाती हैं)* आइए-आइए, आप इधर बैठिए।

[फिर खामोशी छा जाती है] जिसम एक तरह की घुटन है। बेला बाहर की ओर चल पड़ती है।]

इन्दु : बैठिए भाभीजी, आप चलीं क्यों?

बेला : *(मुड़कर थके भारी स्वर में)* मैं तो उधर ही जा रही थी। यों ही जाते-जाते खड़ी हो गयी। मैं आपकी हँसी में बाधा नहीं डालना चाहती। *(खिन्न हँसी के साथ)* आप हँसिए, ठहाके लगाइये।
[चुपचाप अहाते के दरवाजे से निकल जाती है।]

म. बहू : मैं कहती थी न कि इस ओर न आओ। मेरी मुई आदत हुई हँसने की।

इन्दु : अब एक यही जगह थी बैठने की...।

म. बहू : हम हँसती हैं, हँसती हैं दिल से और छोटी बहू की पढ़ाई में बाधा पड़ती है। मैं कहती हूँ दादा जी को अगर पता चल गया कि हमारे यहाँ बैठने से छोटी बहू के पढ़ने में खलल आता है, तो।

इन्दु : लेकिन यही एक जगह थी पर्देवाली...।

म. बहू : तुम भूल गयी हमें तो दादा जी ने खास तौर पर खबरदार किया था। *(ठहाका लगाकर हँस पड़ती है।)* मैं कहती हूँ चलो मेरे कमरे में....।

इन्दु : मुझे तो दादाजी के कपड़े धोने हैं, मैं चली।
[जल्दी-जल्दी बाहर की ओर चली जाती है।]

म. बहू : ठीक है! तुम लोग अब यहाँ इतना न बैठा करो। *(बड़ी बहू से)* हम तो बहू गोदाम में जा रही थीं, चलो गेहूँ छँटवा लें। छोटी बहन तो कब की गयी है। फिर तो ढल जाएगा दिन और महरियाँ चली जायेंगी।

बड़ी बहू : मैं तो फँस गयी मँझली की बातों में चलो....चलो।
[दोनों चली जाती हैं।]

म. बहू : मैं कहती हूँ, पारो, चल मेरे कमरे में। वहाँ चल कर बैठ।

पारो : मुझे तो जाना है भाभी। लल्ला आ गया होगा। न मिली तो चिल्लायेंगा।

म. बहू : *(अपने आप से)* यह छोटी बहू तो बाज-सी आकर सबको डरा गई। [हँसती है। बाहर से बड़ी भाभी आती हुई दिखाई देती है, भागकर उसके पास जाती है।]

म. बहू : बड़ी भाभी सुनी तुमने मलावी की बात? खोद डाली उसने सारी की सारी छत। *(ठहाका लगाती है।)*

बड़ी भाभी : मलावी ने छत खोद डाली....।

म. बहू : *(उसे अपने साथ लेकर कमरे की ओर जाती हुई)* हाँ, हाँ, अभी राज-मजदूर छत बनाकर गए थे कि आ गई मलावी मारामार करती....।

बड़ी भाभी : लेकिन...।

म. बहू : चलो मेरे कमरे में। वहाँ चलकर सब बताती हूँ। यहाँ तो छोटी बहू की पढ़ाई में खलल पड़ता है। [उसे साथ ले अपने कमरे की ओर जाती है। बाहर से परेश और बेला बात करते प्रवेश करते हैं।]

बेला : *(आर्द्र कण्ठ से)* आप मुझे मेरे मायके भेज दीजिए। मुझे लगता है, जैसे मैं परायों में आ गयी हूँ, कोई मुझे नहीं समझता, किसी को मैं नहीं समझती।

परेश : आखिर बात क्या है? कुछ कहो भी।

बेला : मैं जाती हूँ तो सब खड़ी हो जाती हैं। बड़ी भाभी, मँझली भाभी और माँ जी तक। मेरे सामने कोई हँसता नहीं। कोई मुझसे ज्यादा देर बात नहीं करना चाहता। सब मुझसे ऐसे डरती हैं, जैसे मुर्गी के बच्चे चील से। अभी-अभी सब हँस रही थीं, ठहाके -पर-ठहाके मार रही थीं, मैं आयी तो सब ऐसे सन्न रह गयी, जैसे भरी सभा में किसी ने चुप की सीटी बजा दी हो।

परेश : पर इसमें...।

बेला : और कोई मुझे किसी काम को हाथ नहीं लगाने देता। जरा सा भी काम करने लगूँ तो सब भागी आती हैं। सब मेरा इस तरह आदर करती हैं, जैसे मैं ही इस घर सबसे बड़ी हूँ।

परेश : मैं नहीं समझता तुम क्या चाहती हो। तुम्हें शिकायत थी, कोई तुम्हारा आदर नहीं करता, अब सब तुम्हारा आदर करते हैं। तुम्हें शिकायत थी तुम्हें सबसे दबना पड़ता है। अब सब तुमसे दबते हैं। तुम्ह शिकायत थी, तुम सबका काम करती हो, सब तुम्हारा काम करते हैं। आदर-सत्कार, आराम न जाने तुम और क्या चाहती हो? [तेजी से सीढ़ियाँ चढ़ जाता है!]

बेला : *(निढाल होकर कुर्सी में धँस जाती है)* न जाने मैं क्या

चाहती *(सिसकने लगती है)* हूँ? न जाने मैं क्या चाहती हूँ, पर मैं इतना जानती हूँ कि मैं यह सब आदर-सत्कार, सुख-आराम नहीं चाहती हूँ, पर मैं इतना जानती हूँ कि मैं यह सब आदर-सत्कार, सुख-आराम नहीं चाहती। [बाहों में मुँह छिपाकर सिसकती है। इन्दु हाथ में कुछ मैले कपड़े लिये बाहर के दरवाजे से प्रवेश करती है।]

इन्दु : *(बेला के कंधे को हिलाकर)* भाभी जी...भाभी जी। [बेला मुँह ऊपर उठाती है।]—हैं, भाभी जी, आप तो रो रही हैं।

बेला : *(आँखे पोंछकर)* नहीं, मैं रो नहीं रही, पर इन्दु, भगवान के लिए मुझे 'जी' करके न बुलाया करो।

इन्दु : लो भला यह कैसे हो सकता है? आप मुझसे बड़ी हैं और फिर आप मुझसे कहीं ज्यादा पढ़ी-लिखी हैं।

बेला : पहले तो तू गुझे यों ही 'जी' करके न बुलाती थी।

इन्दु : मैं तो मूर्ख ठहरी भाभी जी। दादा जी ने कहा था...।

बेला : *(सहसा चौंककर)* दादा जी ने क्या कहा था?

इन्दु : उन्होंने सबको समझाया था कि घर में सबको आपका आदर करना चाहिए।

बेला : लेकिन यह सब क्यों कहा? मैंने तो कभी उनसे इस बात की शिकायत नहीं की?

इन्दु : शायद छोटे भैया ने उनसे यह कहा था कि आपका जी यहाँ नहीं लगता, आप बाग वाले...।

बेला : ओह! यह बात है।

इन्दु : दादाजी और सब कुछ सह सकते हैं-किसी का अलग होना नहीं सह सकते—'हम सब एक महान पेड़ की डालियाँ हैं' वे कहा करते हैं और इससे पहले कि कोई डाली टूटकर अलग हो, मैं ही इस घर से अलग हो, जाऊँगा। और उन्होंने हम सबको समझाया कि हम आपका आदर कर, काम कर और आपकों पढ़ने-पढ़ाने का समय दें।

बेला : पर मैं तो आदर नहीं चाहती और मैं तो तुम सबके साथ मिलकर काम करना चाहती हूँ।

इन्दु : यह कैसे हो सकता है भाभी जी...।

बेला : *(लम्बी साँस छोड़ती है)* आप लोगों ने मुझे कितना गलत समझा और मैंने आप लोगों को कितना....

इन्दु : आप कैसी बात करती हैं। लाइए, कपड़े लाइए। मैं दादा जी के कपड़े धोने जा रही हूँ, साथ ही आपके भी फटक लाऊँ।

बेला : *(चुप सोचती है)*

इन्दु : भाभी जी...।

बेला : *(जैसे मन ही मन उसने किसी बात का निश्चय कर लिया हो)* मैं भी तुम्हारे साथ जाऊँगी, मैं भी तुम्हारे साथ कपड़े धोऊँगी।

इन्दु : दादा जी नाराज न होंगे...।

बेला : मैं दादा जी से कह दूँगी।

बेला : मुझे केवल भाभी कहा कर, मेरी प्यारी इन्दु!

इन्दु : *(प्यार से, भरे हुए गले के साथ)*
भाभी...।

बेला : चल कपड़े धोएँ। धूप निकली जा रही है।

इन्दु : पर कपड़े....।

बेला : मेरे कपड़े आज रजवा ने धो दिये थे, सलवार-कमीज ही तो थी। चल मैं तेरा हाथ बटाऊँगी
(दोनों चली जाती हैं, कुछ क्षण बाद बरामदे में कपड़े धोने की आवाज आने लगती है। दादा गैलरी की ओर हुक्का गुड़गुड़ाते-गुड़गुड़ाते, मल्ली की उँगली थामे प्रवेश करते हैं।)

दादा : हाँ, बेटा तुझे मेले में ले चलेंगे।
जो तू कहेगा, वही खिलौना ले दगे

मल्लू : मैं तो उड़न खटोला लूँगा।
(सहसा बाहर के दरवाजे के पास जाकर ठिठक जाते हैं।)

दादा : *(आश्चर्य से)* हैं! छोटी बहू...।

इन्दु : *(बाहर से)* मैंने तो बहुतेरा कहा, पर भाभी मानी नहीं।

दादा : छोटी बहू, इधर आ बेटी....। [शरमाई हुई बेला दरवाजे के पास आ खड़ी होती है।]

इन्दु : *(जो अपनी भाभी के साथ ही आ खड़ी हुई)* मैंने बहुतेरा कहा, पर भाभी मानी नहीं।

दादा : *(जिन्हें इन्दु के स्वर का अनादर अच्छा नहीं लगता)* इन्दु तुझे कतनी बार कहा आदर से...।

बेला : *(भावावेश के कारण रुँधे हुए कण्ठ से)* दादाजी, आप पेड़ से किसी डाली का टूटकर अलग होना पसन्द नहीं करते, पर क्या आप यह चाहेंगे कि पेड़ से लगी-लगी वह डाल सूखकर मुरझा जाए...। (सिसक उठती है। हुक्के की गुड़गुड़ाहट एकदम बन्द हो जाती है) (परदा सहसा गिर पड़ता है।)

ममता कालिया

कई शहरों में रहने, पढ़ने और पढ़ाने के बाद अब ममता कालिया दिल्ली (एनसीआर) में रहकर अध्ययन और लेखन कर रही हैं। वे हिन्दी और इंग्लिश दोनों भाषाओं की रचनाकार हैं। भारतीय समाज की विशेषताओं और विषमताओं पर अपनी पैनी नज़र रखते हुए ममता कालिया की प्रत्येक रचना के केन्द्र में आज का समाज है।

विकासशील समाज में बनते-बिगड़ते सम्बन्ध, प्रगति के आर्थिक, सामाजिक दबाव, स्त्री की प्रगति को देखकर पुरुष मनोविज्ञान की कुण्ठाएँ और कामकाजी स्त्री के संघर्ष उनके प्रिय विषय हैं।

प्रकाशित पुस्तकों की संख्या विपुल होने के कारण यहाँ केवल उनकी प्रमुख प्रकाशित पुस्तकों का उल्लेख किया जा रहा है। ममता कालिया ने कविता, कहानी, उपन्यास, संस्मरण, नाटक, यात्रा-साहित्य और निबन्धों से हिन्दी साहित्य को समृद्ध किया है।

प्रमुख उपन्यास : बेघर, नरक दर नरक, तीन लघु उपन्यास, दौड़, दुक्खम-सुक्खम, सपनों की होम डिलिवरी, कल्चर-वल्चर।

प्रमुख कहानी संग्रह : छुटकारा, सीट नम्बर छह, उसका यौवन, एक अदद औरत, जाँच अभी जारी है, निर्मोही, मुखौटा, बोलने वाली औरत, थोड़ा सा प्रगतिशील, ख़ुशक़िस्मत।

कविता संग्रह : A Tribute to Papa and Other Poems (Writers Workshop), Poems 78 (Writers Workshop), खाँटी घरेलू औरत, पचास कविताएँ, कितने प्रश्न करूँ।

संस्मरण : कल परसों के बरसों, कितने शहरों में कितनी बार।

निबन्ध संग्रह : भविष्य का स्त्री विमर्श, स्त्री विमर्श का यथार्थ।

ममता कालिया ने अनेक कहानी संकलनों का सम्पादन किया है तथा 5 वर्ष महात्मा गाँधी हिन्दी अन्तरराष्ट्रीय विश्वविद्यालय, वर्धा की इंग्लिश पत्रिका 'Hindi' की सम्पादक रही हैं।

उन्हें मिले पुरस्कारों और सम्मानों की सूची में कुछ इस प्रकार हैं : सर्वश्रेष्ठ कहानी सम्मान हिन्दुस्तान टाइम्स, दिल्ली; यशपाल कथा सम्मान, साहित्य भूषण सम्मान, राम मनोहर लोहिया सम्मान (उ.प्र. हिन्दी संस्थान द्वारा); वनमाली सम्मान, वाग्देवी सम्मान, सीता स्मृति सम्मान, कमलेश्वर स्मृति सम्मान, के. के. बिड़ला न्यास का व्यास सम्मान।

सम्प्रति वे एक उपन्यास और संस्मरणमाला पर कार्य कर रही हैं।

आप की छोटी लड़की

पात्र-परिचय

1. **टुनिया** (तूर्णा) : परिवार की छोटी लड़की, तेरहसाल
2. **पपीहा** : परिवार की बड़ी लड़की, सत्रह साल
3. **ममी** : टुनिया और पपीहा की माता
4. **पापा** : टुनिया और पपीहा के पिता
5. **नौकर** : रागजी
6. **लड़के** : पपीहा के सहपाठी
7. **मुक्तिदूत** : एक साहित्यकार
8. **आंटी** : पड़ोसिन

दृश्य एक

एक मध्यवर्गीय परिवार का मकान। कॉलोनी में आसपास अनेक एक जैसे मकान। माँ चिट्ठी मोड़कर चिपकाती है और आसपास देखती है।

ममी : टुनिया, ओ टुनिया!

टुनिया दूसरे कमरे में मेज पर बैठी होमवर्क कर रही है। माँ की आवाज सुन कर बैठक में आती है।

टुनिया : क्या ममी?

ममी : जरा भाग कर यह चिट्ठी तो डाल आ।

टुनिया : *(हाथ बढ़ा कर)* लाओ दो।

मी : और आते हुए पन्द्रह नम्बर वालों से अपनी कटोरी भी लेती आना। अच्छा सरसों का साग भेजा मैंने! लगता है साग के साथ कटोरी भी खा गये।

बड़ी बहन पपीहा पास ही दिवान पर पैर फैलाये कानों पर हैडफोन लगाये वॉकमैन सुन रही है और झूम रही है।

पपीहा : टुन्नो पहले मुझे पानी पिला दे।

टुनिया बहन को पानी का ग्लास देती है। माँ उसकी तरफ घूर कर देखती हैं।

मी : गई नहीं तू! आज की डाक गयी तो चिट्ठी परसों निकलेगी।

टुनिया : मैं बस यों गयी और यों आई।

जाती है। माँ दूसरे कमरे में जाकर लेट जाती हैं। उनकी आँख लग जाती है। कुछ देर बाद कॉल बैल बजती है। पपीहा झुँझलाते हुए दरवाजा खोलती है।

टुनिया : ममी?

पपीहा इशारे से बताती है कि ममी सो रही हैं। टुनिया अपने कमरे की तरफ जाने लगती है।

पपीहा : ऐ टुन्नो कहाँ चली, बैठ इधर मेरे पास। देख कल मेरा हिन्दी का टैस्ट है और मुझे कुछ याद नहीं। तू ये दो चैप्टर सुना दे मुझे।

टुनिया : लाओ दीदी। कौन सा सुनाऊँ, भारतेन्दु हरिचन्द्र?

पपीहा : नहीं वह तो मुझे याद है। मैथिलीशरण गुप्त सुना दे।

टुनिया पुस्तक से पढ़ती है।

टुनिया : 'आपका जन्म सन् 1886 में चिरगाँव जिला झाँसी के एक प्रतिष्ठित परिवार में हुआ। कविता की प्रेरणा उन्हें अपने पिता से मिली।'

पपीहा : तू तो फ्रंटियर मेल की तरह चली जा रही है। धीरे-धीरे पढ़।

टुनिया : 'गुप्तजी ने साकेत में कैकेयी की कल्मष-कालिमा को धो डाला और उपेक्षित उर्मिला को नया जीवन दिया।

पपीहा : टुन्नो बताऊँ आज लायब्रेरी में क्या हुआ। मैं बैठी पढ़ रही थी कि एक लड़का आया और उसने एक चिट मेरे पास सरका दी। उस पर लिखा था 'हम तुमसे मुहब्बत करके सनम रोते भी रहे, हँसते भी रहे।' पता है मैंने क्या किया। मैंने मुहब्बत शब्द काट कर नफरत लिख दिया और नीचे अपने दस्तखत कर दिये।

टुनिया : ओफ्फोह दीदी तभी तो तुम्हें पढ़ा लिखा कुछ याद नहीं होता है। सुनती तो हो नहीं।

पपीहा : ला दे मेरी किताब! जरा सा पढ़वा क्या लिया, दिमाग दिखा

रही है।

घंटी बजती है।

टुनिया : दीदी तुम खोल दो जरा।

पपीहा : ना बाबा, मुझे पढ़ना है, तू उठ।

माँ झुँझलाती हुई अन्दर के कमरे से आती है। दरवाजा खोलती है।

माँ : कौन!

चिट्ठी कह कर डाकिया अन्दर चिट्ठी डाल देता है।

माँ : *(चिढ़कर)* घंटी न बजाया करो। *(लड़कियों की तरफ गुस्से से देख कर)* दोनों की दोनों बैठी हैं पर मजाल है जो एक भी उठ जाये। जरा खयाल नहीं कि माँ सो रही है। टुन्नो, कोलीन अभी तक नहीं आयी।

टुनिया : नहीं ममी, उसका भाई रास्ते में मिला था। कह रहा था वह आज नहीं आयेगी। पिक्चर देखने गई है।

ममी : तो तूने पहले क्यों नहीं बताया। अब इस वक्त मैं बर्तन मलूँ या खाना बनाऊँ! अच्छी मुसीबत है!

टुनिया : लाओ मैं कर देती हूँ।

माँ : पपीहा तू जल्दी से सब्जी काट द्य

पपीहा : ऑ...मेरा कल टैस्ट है।

टुनिया : रहने दो ममी, दीदी को पढ़ने दो।

ममी : बताओ, कोलीन आई नहीं है, सारा काम पड़ा है। खाने को सब हैं, काम करने को कोई नहीं। जो करूँ मैं करूँ, जहाँ मरूँ मैं मरूँ।

टुनिया : ममी मैं कर तो रही हूँ।

माँ : *(खीझ कर)* यह देख तेरा किया काम। सुबह अदरक लाई तू! एकदम सूखी और छूँछ वाली। अदरक तो आजकल बादाम जैसी आ है।

टुनिया : ममी वह सब्जी वाला बिल्कुल बात नहीं सुनता, ऊपर से डाँट देता है।

माँ : देख लिया न। काम धाम किसी से नहीं होता। बस एक मैं रह गयी हूँ मरने को।

माँ रसोई में नल खोलती है। नल में पानी नही आ रहा है।

माँ : टुनिया, ए टुन्नो नल में एक बूँद पानी नहीं आ रहा। कैसे तो खाना बने, कैसे बने चाय!

टुनिया : ममी तुम बार बार उठा देती हो! इस तरह हो चुका होमवर्क!

माँ उसे एक छोटी बाल्टी पकड़ाती है।

माँ : जा जरा नीचे जाकर डॉक्टर साहब के यहाँ से एक बालटी पानी ला दे। चाय तो बने।

टुनिया : मेरा सारा होमवर्क पड़ा है ममी।

माँ : यह भी होमवर्क ही है, जल्दी जा।

टुनिया नीचे के मकान में जाकर कॉल बैल बजाती है। नौकर दरवाजा खोलता है।

टुनिया : आंटी हैं?

रामजी : नहीं!

टुनिया : रामजी, हम एक बालटी पानी लेना है।

रामजी : ले लो जाकर।

टुनिया अन्दर रसोई में उनका नल खोल कर देखती है। पानी वहाँ भी नही आ रहा। इस बीच रामजी दरवाजा खुला छोड़ कर रसोई में आकर टुनिया के एकदम पास खड़ा हो गया है।

रामजी : इधर आओ, हम पानी देते हैं तुम्हें। उसकी मुद्रा देख कर टुनिया बालटी फेंक कर चीख कर बाहर भागती है। बालटी झनझना कर गिरती है टुनिया एक साँस में सीढ़ियाँ चढ़ जाती है। माँ उसे खाली हाथ देख क्रुद्ध हो जाती है।

माँ : नहीं लाई पानी। अब पीना शाम की चाय। एक छोटी सी बालटी भर लाने में इसकी कलाई मुड़ती है। इस घर में जो करूँ मैं करूँ, जहाँ मरूँ मैं मरूँ।

टुनिया बहुत विचलित है। पहले दरवाजा पकड़ कर हाँफती है, फिर माँ की तरफ देखती है। किसी तरह सिर पर हाथ रख कर संयत होने की कोशिश करती है।

टुनिया : पानी तो नीचे भी नहीं आ रहा।

माँ : तो फिर बालटी कहाँ फेंक आई? अब मैं सारे घरों में जाकर बालटी ढूँढूँगी? क्या जमाना आ गया है। कोई जरा सा काम

नहीं करना चाहता। एक हम थे। हमारी माँ अगर इशारा भी करती तो हम सिर के बल खड़े हो जाते थे। पपीहा अन्दर के कमरे से आती है। इस बीच कपड़े बदल कर वह तरोताजा हो गई है। उसके चेहरे पर घर की गतिविधियों से कोई सरोकार नहीं है।

पपीहा : ममी मैंने पढ़ाई कर ली। जरा डांस प्रेक्टिस के लिए मैं प्रेमा के घर जा रही हूँ।

माँ : घर में नल नहीं आ रहा है।

पपीहा : *(लापरवाही से)* नहीं आ रहा तो आ जायेगा। टुन्नोजरा दर्जी से मेरा लँहगा ओढ़नी लाकर रखना। परसों डांस कॉम्पटीशन है कॉलेज में।

टुनिया : अच्छा। *(पपीहा जाती है)*

माँ : ए टुन्नो मेरा कत्थई ब्लाउज भी दर्जी को देकर आना। कहना इतना कसा बनाया है कि पूछो मत। सारा कपड़ा बरबाद कर दिया। मेरी तरफ से डाँट आना उसे और देख ब्लाउज ढीला भी करवा लाना।

नल से पानी गिरने लगता है। माँ हड़बड़ा कर रसोई में चली जाती है। कॉल बैल बजती है। टुनिया दरवाजा खोलती है। उसके पिता दफ्तर से लौटे हैं। वे ब्रीफ केस टुनिया को पकड़ाते हैं।

टुनिया : *(एक विज्ञापन की नकल करते हुए)* पापा पापा आए हमारे लिए क्या लाए?

पापा : *(हँसते हुए)* तेरे लिए रोने वाली गुड़िया और बेबी के लिए नया दुपट्टा।

टुनिया : पापा पापा कल दीदी का टैस्ट है परसों डांस कॉम्पटीशन। हम भी उसके कॉलेज जायेंगे।

पापा : अच्छा-अच्छा! पहले मेरे लिए फर्स्ट क्लास चाय तो बना।

टुनिया जाती है। माँ पति के पास आकर बैठती है। टुनिया ट्रे में कायदे से चाय और टोस्ट लेकर आती है। माता-पिता को चाय देती है।

पापा : टुनिया जो सवाल मैंने सुबह दिये थे, कर लिए तूने?

टुनिया : *(खुशी से)* जी पापा, कॉपी लाऊँ?

कापी लाकर दिखाती है। लाल पेंसिल थमाती है। पापा सवाल देखते जाते हैं। और सही का निशान लगाते जाते हैं।

पापा : वेरी गुड ये तो सब सही है। कल अगले दस कर लेना।

टुनिया : ओ यस पापा। पापा आज स्कूल में हिन्दी निबन्ध में मुझे गुड मिला।

पापा : यह तो ठीक है पर तुम्हें अपनी इंग्लिश की ओर भी ध्यान देना चाहिए। तुम्ह पता है इंग्लिश इज एन इंटरनेशनल लैंग्वेज।

टुनिया : पर हिन्दी भी तो हमारी राष्ट्रभाषा है पापा!

पापा : हाँ वह भी जरूरी है पर दिमाग की बन्द खिड़कियाँ खोलने के लिए इंग्लिश बहुत जरूरी है। अब बेबी है, कितनी फर्राटे से इंग्लिश बोलती है।

टुनिया : पापा एक दिन हमारी क्लास में आओ तो दंग रह जाओ। सच्ची, क्लास में बिल्कुल भेलपुरी भाषा बोली जाती है। थोड़ी हिन्दी, थोड़ी इंग्लिश, थोड़ी मराठी, थोड़ी गुजराती।

पापा : बिल्कुल गलत है यह।

टुनिया : पर पापा बात एकदम समझ में आती है।

टुनिया कॉपी लेकर अपने कमरे में जाती है। पापा कपड़े बदलते हैं, रेडियो खोलते हैं। माँ खाने की तैयारी करती है। पपीहा अन्दर आती हैं।

पपीहा : ममी टुनिया मेरा लँहगा लायी!

ममी : *(रसोई के अन्दर से)* लायी तो थी। अन्दर है।

पीहा अन्दर जाती है। तभी पैर पटकती हुई बाहर आती है।

पपीहा : *(रुँआसे स्वर में)* ऊँऊँऊँ टुनिया ने मेरी ड्रैस खराब कर दी!

माँ : क्या हुआ?

पपीहा : मैं अन्दर गयी तो टुन्नो की बच्ची मेरा लँहगा पहन कर शीशे के सामने खड़ी थी।

पापा : इससे ड्रैस गन्दी कैसे हो गयी।

पपीहा : आँ आँ बिल्कुल गन्दी हो गयी।

तब तक टुनिया कपड़े बदल कर सामने आकर खड़ी हो जाती है।

माँ : *(डाँट कर)* तूने इसकी ड्रैस गन्दी क्यों की?

टुनिया : गन्दी कहाँ की ममी?

माँ : *(और डाँट कर)* चुप रह। किससे पूछ कर छुई तूने इसकी ड्रैस?

पापा : क्यों फिजूल डाँट रही हो उसे। *(पपीहा से)* डोन्ट बी सो फसी बेबी।

मी : तुमने ही सिर चढ़ा रखा है टुनिया को। पूरी गँवार है यह।

पापा : *(रौब से)* अच्छा अच्छा जाकर खाना लगाओ।

(दृश्य समाप्त)

दृश्य दो

कॉलेज हॉल की चहल पहल। छात्रों का शोर। उद्घोषक की आवाज में उद्घोषणा।

उद्घोषक : अभी आपके सामने अन्तर्महाविद्यालय नृत्य प्रतियोगिता प्रस्तुत की गई। अब कॉलेज का वार्षिक पुरस्कार वितरण समारोह आरम्भ होता है। नृत्य प्रतियोगिता में पहला पुरस्कार पपीहा अग्रवाल।

पपीहा मंच पर जाती है। मुख्य अतिथि के हाथ से पुरस्कार लेती है। हॉल में तालियाँ बजती हैं।

उद्घोषक : इसी साल नवम्बर में हुई नाटक-प्रतियोगिता में अभिनय का सर्वश्रेष्ठ पुरस्कार पपीहा अग्रवाल।

पपीहा फिर मंच पर जाती है। फिर पुरस्कार लेती है। इस बार पहले से ज्यादा तालियाँ। हॉल में एक जगह बैठी टुनिया उचक उचक कर दीदी को देखने की कोशिश कर रही है।

उद्घोषक : सर्वश्रेष्ठ गायन का पुरस्कार पपीहा अग्रवाल।

धन्यवाद ज्ञापन और चहल पहल के बीच समारोह समाप्त हो जाता है।

पपीहा पुरस्कार हाथों में थामे टुनिया तक आती है। इनाम इतने ज्यादा हैं कि संभल नहीं रहे। टुनिया पकड़ती है।

टुनिया : *(खुशी से)* ओह दीदी ये सारे इनाम मैं पकड़ूगी, चलो।

आस पास जाते लड़के लड़कियाँ पपीहा को बधाई देते हैं।

पपीहा : गिराना मत, चल।

टुनिया : दीदी जब तुम्हारा नाम पुकारा जा रहा था न मुझे लग रहा था दौड़ कर मैं मंच पर चढ़ जाऊँ।

पपीहा : धत तेरे की। ये देख सामने से जो लड़के आ रहे हैं न उनमें से दो मेरी क्लास के हैं। वह तीसरा बैडमिंटन चैम्पियन है।

लड़के पास आ कर ठिठक जाते हैं। पपीहा की तरफ देखते हैं, फिर तूर्णा की तरफ। आपस में इशारा करते हैं। एक लड़का आगे बढ़ता है।

लड़का : मुबारक हो पपीहा। यह तुम्हारे साथ आज कौन है?

पपीहा : मेरी बहन तूर्णा।

लड़का 1 : तुम्हारा मतलब बहन जैसी फ्रेंड।

पपीहा : *(हँसते हुए)* नहीं बाबा सौ प्रतिशत बहन है मेरी।

लड़का अन्य लड़कों की तरफ हिमाकत से देखता है। वे कन्धे उचका देते हैं।

लड़का 1 : सगी बहन है तुम्हारी। तुमसे शक्ल तो नहीं मिलती!

पपीहा : *(लापरवाही से)* इससे क्या। मेरी सगी छोटी बहन है।

लड़के पास आकर तूर्णा (टुनिया) को ऐसे गौर से देखते हैं जैसे वह चिड़ियाघर की चीज हो। एक लड़का कहता है 'इमपॉसिबिल'।

लड़का 2 : मेरा तो घाटा हो गया। मेरी और बॉबी की शर्त लगी थी इस बात पर।

लड़का 1 : मैंने ठीक कहा था न!

टुनिया : *(खीझ से)* दीदी चलना है तो चलो, मैं जा रही हूँ।

पपीहा साथ चलने लगती है। टुनिया दो एक इनाम उसे पकड़ा देती है। उसकी चाल में तमक है।

पपीहा : टुन्नो धीमे चल।

टुनिया : मैं तुम्हारी तरह मटक-मटक कर नहीं चल सकती।

पपीहा : क्यों भड़क रही है इतना?

टुनिया : कितने बदतमीज लड़के हैं तुम्हारी क्लास के!

पपीहा : कहाँ! कितने अच्छे तो हैं। हमेशा मेरी तारीफ करते रहते हैं।

दोनों बहन घर में घुसती हैं। पापा ममी इनाम थामते हैं। पपीहा के सिर पर हाथ फेरते हैं।

पापा : बेबी मुझे तुम पर गर्व है। देखा कितने इनाम जीते हैं इसने।

माँ : अब तो इसकी टेबिल बिल्कुल भर गई है इनामों से।

पापा : मैं एक शो-केस बनवाऊँगा इन इनामों के लिए। कुछ मिठाई विठाई मँगवा कर बँटवाओ।

माँ : *(पुकारती हुई)* टुनिया अरे ओ टुनिया कहाँ मर गयी। जरा जल्दी से जाकर बनारसी के यहाँ से लड्डू तो ले आ।

टुनिया : *(अपने कमरे से)* मैं नहीं जाऊँगी। मँगा लो जिससे मँगाना हो।

माँ : *(डपट कर)* तू नहीं जायेगी तो कौन जाएगा। देखूँ तो क्या कर रही है?

माँ अन्दर जाती है।

माँ : अच्छा तो शीशा हाथ में लेकर मुँह देखा जा रहा है। मुँह में क्या लाल लगे हैं!

टुनिया : लाला तो किसी के भी मुँह में नहीं लगे।

माँ : चुप! सीधी तरह बाजार जा।

टुनिया : मेरे पैर दुख रहे हैं, मैं नहीं जाऊँगी।

माँ : बेबी को इनाम मिले हैं तो इसे बुरा लग रहा है। अरे खुद तो किसी लायक नहीं।

पपीहा : *(दूर से)* ममी तुम इधर आ जाओ। पापा ने कोलीन को भेज दिया है।

(दृश्य समाप्त)

दृश्य तीन

कैलेन्डर में इतवार की तारीख। पापा झाड़न हाथ में लिए बैठक में किताबें झाड़ रहे हैं। माँ पास ही खड़ी है। टुनिया पापा की मदद कर रही है।

पापा : (हाथ रोक कर) ऐ टुनिया जरा अखबार सीधे करो, सब बेतरतीब हो रहे हैं।

माँ : पुराने रद्दी अखबार रखने का क्या मतलब है। आप तो कूड़ा जोड़ते रहते हैं।

पापा : तुम्ह क्या पता! किसी में से मुझे कुछ पढ़ना है, किसी में कुछ!

माँ : इतनी धीमे तुम्हारी बैठक साफ होगी तो शाम हो जायेगी इसी काम में। मुझे सनीचरी जाकर सामान भी लाना है।

पापा : तो तुम जाओ। टुनिया मेरी मदद कर देगी।

माँ : टुनिया मेरे साथ बाजार जायेगी।

पापा : *(चिढ़ कर)* क्या तुम इतवार को सुबह कुड़ कुड़ शुरू कर देती हो। नहीं जायेगी टुनिया बाजार। जाना है तो कोलीन को लेकर जाओ। समझती नहीं हो। इतने बड़े साहित्यकार आज घर आ रहे हैं। यहाँ कौन उन्ह बैठाएगा, कौन चाय पिलाएगा।

माँ गुस्से से मुँह बना कर जाती है।

टुनिया : *(चाव से)* : पापा आज कौन आ रहे हैं?

पापा : मुक्तिदूतजी। बहुत बड़े कवि और साहित्यकार हैं। साहित्य अकादमी पुरस्कार भी मिल चुका है उन्हें। बड़ा नाम है उनका। यह देखो रैक में जो उनकी किताब लगी हैं। उन्हें यहाँ आगे लगाओ, ऊपर की तरफ।

टुनिया : अरे पापा इनकी कविताएँ तो मैंने कई बार पढ़ने की कोशिश की पर समझ में ही नहीं आईं।

पापा : कैसे आतीं, अभी छोटी जो हो। आज उनसे कहगे, अपनी नयी कविताएँ सुनाएँ।

टुनिया : पापा आज कोलीन अच्छी फँसी। मज़ा आ गया।

पापा : कैसे?

टुनिया : सनीचरी में जब ममी के पीछे पीछे थैले लटका कर घूमना पड़ेगा तो होश आ जायेगा। धूप में लौटते हुए अगर रिक्शा एक रुपये में नहीं मिला तो ममी लेगी नहीं। पैदल ही आना पड़ेगा।

पापा : तू ठीक से चाय बना लेगी न!

टुनिया : बिल्कुल पापा। अच्छा पापा यह बताइए क्या इनका पैर भी बहुत बड़ा होगा।

पापा : क्या मतलब?

टुनिया : पिछली बार जो एक बड़े साहित्यकार आए थे न, उनके पैर की छाप चादर पर पड़ी थी। बाप रे इतना बड़ा पैर था, दानव जैसा!

पापा : बुद्धू, दानव नहीं, महामानव कहो। ये कवि, कलाकार कथाकार ही दुनिया को सुन्दर और जीने योग्य बनाते हैं वरना क्या रखा है इसमें!

टुनिया : पापा बैठक साफ हो गई। मैं जरा दूसरा कमरा देख लूँ।

पापा : पपीहा कहाँ है भेज उसे जरा।

टुनिया : दीदी तो कब की चली गई तत-थई-तत-थई करने।

टुनिया जाती है। बैठक के खुले दरवाजे से मुक्तिदूत अन्दर आते हैं।

मुक्तिदूत : नमस्कार अग्रवाल जी। अरे भाई मुझे आने में जरा देर हो गई। दरअसल मेरे कमरे में सूरज जरा लेट निकलता है। *(उन्मुक्त हँसी)*

पापा : आ हा! नमस्कार, आइए आइए।

मुक्तिदूत : भई मैं यहाँ सिगरेट पी सकता हूँ?

पापा : अवश्य! यह लीजिए एश ट्रे।

मुक्तिदूत : सिगरेट हमेशा चाय की तलब जगाती है और चाय, सिगरेट की। इन दोनों को मैं बरसों से अलग करने की कोशिश कर रहा हूँ। कम्बख्त अलग होती ही नहीं।

पापा : चाय आ रही है।

टुनिया चाय की ट्रे लेकर आती है। बड़े कायदे से हाथ जोड़ कर नमस्कार करती है, चाय ढाल कर देती है।

टुनिया : लीजिए।

मुक्तिदूत : *(चाय सिप कर)* बड़ी बढ़िया चाय है। किसने बनाई?

टुनिया : *(खुश होकर)* मैंने। *(बिस्किट की प्लेट आगे करती है)* लीजिए।

पापा : यह मेरी छोटी लड़की है तूर्णा। घर में इसे हम टुनिया कहते हैं। पढ़ने में तेज है, चाय बनाने में भी। बाकी इसे कुछ नहीं आता जाता। हाँ दो चार कविताएँ भी पढ़ रखी हैं इसने आपकी।

मुक्तिदूत : *(उन्मुक्त हंसी से)* वाह! यह लड़की बहुत तरक्की करेगी। जो अच्छी चाय बना सकता है वह दुनिया में बहुत कुछ कर सकता है अग्रवाल जी। फिर यह तो मेरी पाठिका भी है।

कॉलबैल बजती है। टुनिया दरवाजा खोलती है। पड़ोस की एक महिला का प्रवेश।

आंटी : ए टुनिया ममी कहाँ हैं?

टुनिया : बाजार गई हैं।

आंटी : कौन आया है तुम्हारे यहाँ? कोई नेता वेता है क्या? हम बालकनी से देख रहे थे। कुरता पाजामा पहने कोई लम्बा चौड़ा आदमी था।

टुनिया : *(कमरे की तरफ देख कर)* शे बहुत बड़े लेखक आये हैं।

आंटी मुझे जरा रसोई में काम देखना है।

आंटी : हमने इडली का घोल बना रखा है। जरा अपना साँचा तो देना।

टुनिया : ये लो आंटी (साँचा देती है।)

पापा : *(पुकार कर)* टुनिया, जरा पानी लाना।

टुनिया : लाई पापा।

टुनिया पानी लेकर जाती है। पापा और मुक्तिदूत बातों में मशगूल हैं।

पापा : आप एक अच्छी साहित्यिक कृति किसे मानते हैं?

मुक्तिदूत : इस सवाल का एक जवाब निहायत स्कूली तरीके से दिया जा सकता है और एक निहायत गैर-स्कूली तरीके से। वैसे मेरा विचार है आप स्कूली जवाब से ज्यादा सन्तुष्ट होंगे।

पापा : *(अकबका कर)* नहीं, मैं तो मौलिकता का कायल हूँ।

मुक्तिदूत : ऐसा आप सोचते हैं पर ऐसा है नहीं। आप रुटीन में बँधे हुए लोग एक ढर्रे से सोचने के आदी हो जाते हैं। यह आपका नहीं, आपकी नौकरी का दोष है।

कॉलबैल बजती है। टुनिया दरवाजा खोलती है। पपीहा सीधे अन्दर आती है।

पपीहा : पापा वसन्त सेना नाटक में मुझे मेन रोल मिला है।

पापा : वेरी गुड बेबी, मुक्तिदूत जी यह मेरी बड़ी लड़की है, पपीहा। बड़ी अच्छी डान्सर है। गाना, अभिनय सभी चीजों में आगे रहती है। *(पपीहा नमस्कार करती है)*

मुक्तिदूत : वाह भई, बड़ी टैलेन्टेड है यह तो!

पपीहा अखबार लेकर चली जाती है।

पापा : हाँ जनाब, इस मामले में मैं बड़ा लकी हूँ

मुक्तिदूत : क्यों वह माधव मिश्रा आपके पड़ोस में अभी भी रहते हैं?

पापा : जी हाँ। आजकल बड़े उदास हैं। उनकी पत्नी का पिछले महीने देहान्त हो गया।

मुक्तिदूत : अरे! भई मैं उनसे मिलना चाहता था पर मकान भूल रहा हूँ। कई साल पहले आया था उनके यहाँ।

पापा : ये टुनिया बता देगी आपको। टुनिया बेटे, जरा माधवजी के घर तक चली जाओ मुक्तिदूतजी के साथ।

टुनिया : जी पापा।

मुक्तिदूत : भई, लेकिन लौट कर हम एक चाय और पिएँगे।

पापा : जरूर, जरूर, बल्कि खाना भी आप यहीं खाइएगा।

(दृश्य समाप्त)

दृश्य चार

मुक्तिदूत और टुनिया साथ चल रहे हैं। मुक्तिदूत कुछ तेज चल रहे हैं। टुनिया बार बार लपक कर साथ होने की कोशिश करती है। मुक्तिदूत अपनी चाल धीमी कर देते हैं।

मुक्तिदूत : ज्यादा दूर तो नहीं है मकान?

टुनिया : जी नहीं। उस चौराहे पर चौथा मकान है।

मुक्तिदूत : वह तुम्हारी बड़ी बहन थी न!

टुनिया : जी।

मुक्तिदूत : तुम दोनों की शक्ल बहुत मिलती है।

टुनिया : पर सब तो कहते हैं कि वह मुझसे ज़रा नहीं मिलती।

मुक्तिदूत : बिल्कुल मिलती है। फैमिली रिजैम्बलैंस बहुत हैं तुम दोनों में। तुम्हें पता है तूर्णा भगवान के पास एक बेहतरीन प्रिन्टिंग प्रेस है। जैसे किताब छपती हैं, सब एक सी। इसी तरह भगवान के छापेखाने में हर खानदान के नाक-नक्स प्रिन्ट होते हैं। तभी तो जानकार लोग कहा करते हैं वाह बबुआ तेरी नाक तो बिल्कुल दादी पर गई है, तेरी तो बुआ जैसी है। ईश्वर एक बढ़िया प्रिन्टर है।

टुनिया : आप भगवान को मानते हैं?

मुक्तिदूत : क्यों तुम्हे ऐसा क्यों लगा कि मैं भगवान को नहीं मानता!

टुनिया : पापा कहते हैं मॉडर्न लेखक भगवान को नहीं मानते।

मुक्तिदूत : यह तो पापा कहते हैं, तुम क्या कहती हो?

टुनिया : मुझे भी ऐसा लगता है।

मुक्तिदूत : नहीं तूर्णा रानी। पापा के चश्मे से नहीं आपनी आँखों से देखने की आदत डालो। क्या जीवन में कभी भगवान से विश्वास खत्म हो सकता है! हम लाख कहें हमें विश्वास नहीं पर कोई मुसीबत पड़े तो सबसे पहले भगवान याद आता है। है न!

टुनिया हँसती है। मुक्तिदूत भी हँसते हैं।

टुनिया : यह है माधव अंकल का घर। मैं चलती हूँ नमस्ते।

मुक्तिदूत : मैं थोड़ी देर में आता हूँ।

टुनिया जाती है।

(दृश्य समाप्त)

दृश्य पाँच

टुनिया अपने घर की कॉलबेल बजाती है। माँ दरवाजा खोलती है।

माँ : कहाँ से आ रही है मटरगश्ती करके?

टुनिया : मैं मुक्तिदूत जी को माधव अंकल के घर छोड़ने गई थी।

माँ : *(डाँट कर)* तो फ्राक बदल कर नहीं जाया जाता। सारी कॉलॉनी में लड़कियाँ परी जैसी लगती हैं। यह नहीं कि सुबह उठ कर नहा धोकर तैयार हो जाये।

टुनिया : ममी ये जो पहनी हुई है, यह भी तो फ्राक ही है। अच्छा तुम क्या सब्जी लाई हो? मुक्तिदूत जी के लिए खाना बनाना है फटाफट द्य

माँ : *(गुस्से से)* यह लो और सुनो। मैं अभी धूप में मरते-मरते लौटी हूँ, अब चूल्हे के सामने फुकूँ। ऐसा था तो तेरे पापा ने किसी हलवाइन से शादी क्यों नहीं कर ली!

टुनिया : ममी तुम क्यों बिगड़ रही हो। मैं सब कर लूँगी। आलू-टमाटर की सब्जी बना चुकी हूँ। फुल्के बना लूँगी। सलाद काट लूँगी। बस खाना तैयार। तुम आराम करो।

माँ बड़बड़ाती हुई चली जाती है। टुनिया डाइनिंग टेबल पर प्लेट प्याली ग्लास लगाती है। मुक्तिदूत जी वापस आते हैं।

पापा : आइये, इधर विराजिए आराम से।

मुक्तिदूत : बड़ी जल्द इंतजाम हो गया खाने का। लगता है आप घर में भी अफसरी झाड़ते हैं।

पापा : आजकल तो ऑफिस में भी अफसरी नहीं चलती साहब! श्रीमतीजी का तो हरदम पारा गरम रहता है। यह सब टुनिया ने किया है।

मुक्तिदूत : आपकी लड़की की आवाज़ बहुत अच्छी है। ऐसी आवाज़ कम ही मिलती है सुनने को।

पापा : अरे आये दिन उसे इनाम मिलते रहते हैं, कभी गाने में, कभी ड्रामे में। क्या बताएँ वह कहीं गई हुई है नहीं तो आपको उसका गाना सुनवाते।

मुक्तिदूत : कौन? यह तूर्णा गाना गाती है?

पापा : अजी नहीं। यह तो बुद्ध है, कुछ नहीं आता इसे। वह मेरी बड़ी बेटी पपीहा।

मुक्तिदूत : नहीं अग्रवाल जी, मैं इसकी बात कर रहा था, आपकी छोटी लड़की की। इसकी आवाज में एक संस्कार है।

टुनिया इस वक्त फुल्का लेकर कमरे में आई है। मुक्तिदूत की बात सुन कर उसके चेहरे पर खुशी और संकोच की चमक आती है। वह सिर झुका कर उनकी प्लेट में फुल्का डालती है।

पापा : *(ठस्स आत्म प्रशंसा के लहजे में)* हमारे घर में सभी की आवाज सुन्दर है। मेरे पिताजी जब रामायण का पाठ करते थे तो दुनिया इकट्ठी हो जाती थी सुनने।

टुनिया : *(धीमे से)* सब्जी और लीजिए।

मुक्तिदूत : लाओ बेटे। बड़ा आनन्द आ गया आज आप सुन रहे हैं न। इस बच्ची की आवाज पूरी संस्कृति का दस्तावेज़ मालूम देती है। बहुत स्वच्छ, मधुर, संस्कारवान आवाज है यह। इसमें बहुत सम्भावनाएँ हैं। साहित्य में उत्तराधिकार जैसी कोई चीज नहीं होती वरना मैं कहता आपकी छोटी लड़की मेरी वारिस होने का हक रखती है।

टुनिया संकोच से अन्दर जाती है। उसके कानों में मुक्तिदूत की आवाज 'आपकी छोटी लड़की' गूँजने लगती है। कुछ पल वह रसोई में, प्लेट हाथ में लिए, चित्रलिखित सी खड़ी रहती है। फिर जैसे जाग कर वह सौंफ इलायची की तश्तरी लेकर

बाहर आती है। मुक्तिदूत चलने की तैयारी में हैं। टुनिया सौंफ की तश्तरी आगे करती है।

मुक्तिदूत : चलते-चलते एक बात पूछना चाहता हूँ तूर्णा। तुम जीवन में क्या बनना चाहोगी?

पापा : *(बीच में)* मैं तो इसे डाक्टर बनाना चाहता हूँ साहब।

मुक्तिदूत : बताओ बेटे!

टुनिया : मैं वही बनना चाहती हूँ जो आप हैं।

मुक्तिदूत : बहुत खूब! तुम जरूर बनोगी तूर्णा!

।। समाप्त।।

सुरेन्द्र वर्मा

सुरेन्द्र वर्मा समकालीन हिन्दी नाटक के चर्चित हस्ताक्षर हैं। आधुनिक जीवन जगत् की समस्याओं को वर्मा जी ने अपने नाटक एवं एकांकियों में अत्यन्त सजीवता से अंकित किया है।

7 सितम्बर सन् 1941 में जन्मे सुरेन्द्र वर्मा ने एम.ए. तक शिक्षा प्राप्त की। प्राचीन तथा मध्यकालीन भारतीय इतिहास और संस्कृति, रंगमंच और अन्तर्राष्ट्रीय सिनेमा में उनकी गहरी दिलचस्पी है। इनके नाटकों का फलक इतना व्यापक है कि वह समकालीन व्यक्ति और उसके समूचे समाज को समेट लेता है। इनके नाटक और एकांकियों में संस्कृत भाषा और साहित्य के गहरे अध्ययन का रचनात्मक इस्तेमाल देखने को मिलता है। सम्भवतः हिन्दी में यह कौशल जयशंकर प्रसाद और मोहन राकेश के बाद इतनी कुशलता से यहीं व्यक्त हुआ है।

रचनाएँ

नाटक–'तीन नाटक', 'सूर्य की अन्तिम किरण से सूर्य की पहली किरण', 'आठवाँ सर्ग', 'छोटे सैयद बड़े सैयद', 'एक दूनी एक', 'कैद-ए-हयात', 'शकुन्तला की अँगूठी'।

एकांकी संग्रह–'नींद क्यों रात भर नहीं आती'।

कहानी संग्रह–'प्यार की बातें', 'कितना सुन्दर जोड़ा'।

व्यंग्य संग्रह–'जहाँ वारिस न हो'।

उपन्यास–'अँधेरे से परे', 'मुझे चाँद चाहिए'।

'हरी घास पर घंटे भर' में लेखक ने तीन दंपतियों के द्वारा प्रौढ़ और वृद्धावस्था के सम्बन्धों को उनक आकांक्षाओं, सपनों और दृष्टियों का अंकन किया है। एकांकीकार ने शब्दों के चुनाव और वाक्य संयोजन द्वारा जीवन के तीन स्तरों का आकर्षक रूप पेश किया है। अन्य नाटक एकांकियों के समान प्रस्तुत एकांकी में भी हरकतवाली क्रियात्मक-भाषा आविष्कृत करने की कोशिश दिखाई देती है।

हरी घास पर घंटे भर

सुरेन्द्र वर्मा

पात्र-परिचय

वृद्ध	वृद्धा
अधेड़ पुरुष	अधेड़ स्त्री
युवक	युवती
फेरीवाला	

[स्थान-समय पार्क का एक कोना। शाम।]

[प्रकाश उभरता है। तीनों दम्पति अलग-अलग हैं। जब एक युग्म संवादलीन होगा, तब अन्य दोनों जोड़े बातचीत का मूकाभिनय (माइम) करते रहेंगे।]

युवक : *(बीच के व्यवधान की ओर संकेत सहित, हल्की मुस्कान से)* इतनी दूर...? मैं दिल्ली में बैठा हूँ और तुम...त्रिचनापल्ली में!

[युवती सलज्ज स्मित से कुछ निकट खिसक आती है। विराम। युवक प्रेम विभोर दृष्टि से युवती को देख रहा है। युवती एकाध बार उसकी तरफ देखकर नीचे देखती रहती है।]

युवक : *(युवती के कन्धे पर हाथ रख)* अपनी माँ को चिट्ठी लिख दी?

युवती : *(मृदु स्वर में)* हाँ।

युवक : क्या लिखा?

युवती : यही कि...घर नया-नया सजाना है, इसलिए समय नहीं मिल पाता। तुम चिन्ता बिल्कुल मत करना। मैं यहाँ अच्छी तरह हूँ और बहुत-बहुत खुश हूँ।

युवक : झूठ!

[युवती स्नेहयुक्त प्रश्नसूचक दृष्टि से देखती है।]

युवक : लिखा होगा—मैं चौबीसों घंटे रोती रहती हूँ। तुम लोगों ने किसके साथ मुझे बाँध दिया? मेरी तो जिन्दगी ही चौपट हो गई।

युवती : छिः...शर्म तो नहीं आती!

[युवक प्रेम-विह्वल हो युवती को देखता है। उसका एक हाथ थाम लेता है, दबाता है, होंठों से छुआने को होता है।]

युवती : क्या करते हो? कोई देख लेगा।

[हल्के से हाथ छुड़ा लेती है। युवक खोज-भरी दृष्टि से इधर-उधर देखता है।]

युवक : *(इशारे के साथ)* उस तरफ निकल चलें?

युवती : *(नर्मी से)* कितनी जगहें बदलोगे? कोई-न-कोई तो होगा ही वहाँ भी।

युवक : *(दोनों जोड़ों को देखता है। ठण्डी साँस लेकर)* बस, यही तो मुसीबत है यहाँ। जहाँ जाओ वहाँ...जालिम जमाना!

[युवती हँसती है। युवक एक सिगरेट सुलगाता है। दो-तीन छल्ले बनाता है। अगले संवाद के दौरान दोनों में भावभीनी चपलता है।]

युवक : आज क्या किया दिन-भर?

युवती : बताऊँ?

युवक : बताइये।

युवती : साढ़े नौ बजे किसी के ऑफिस जाने के बाद कमरे का फर्श धोया।

युवक : किसके ऑफिस जाने के बाद?

युवती : है कोई।

युवक : अच्छा...फिर?

युवती : फिर कमरे में फ्लिट की बौछार की। कुछ कपड़े सर्फ में भीगे पड़े थे, उन्हें धोकर सूखने डाला। नाश्ते के बर्तन धोये। खिड़कियों के काँच साफ किये। फिर नहायी। फिर नीचे उतरकर बाजार के दो-तीन जरूरी काम किये।

युवक : कौन-से?

युवती : लांड्री से किसी की कमीजें उठाईं। विम का डिब्बा लिया। सब्जी खरीदी।

युवक : इसके बाद?

युवती : वापस आए। फिर मशीन निकाली, कपड़ा काटा और दो पर्दों की सिलाई की। तब तक डेढ़ बज चुका था। इसलिए सोचा कि अब तक ऑफिस में लंच-टाइम हो चुका होगा और किसी ने खाना खा लिया होगा।

युवक : किसने?

युवती : *(कुछ प्रगल्भ हो)* है कोई...आप किसी की प्राइवेट बातों में दखल क्यों देते हैं?

युवक : *(क्षण-भर के लिए युवती के कान पकड़कर)* माफ कीजिए। गलती हो गई...आगे?

युवती : *(मुस्कान दबाकर)* रात के खाने के दो परांठे बचे हुए थे। उन्हें गर्म कर लिया और अचार के साथ...

युवक : *(कुछ आवेश से)* बस, तुम्हारी यही बात है, जो मुझे बिल्कुल...

युवती : मजे से खा लिया। फिर एक गिलास ठंडा-ठंडा पानी...

युवक : पसन्द नहीं। बचे हुए खाने की कूड़े के डिब्बे के अलावा...

[युवक अपनी बात कहने का प्रयत्न करता है, लेकिन युवती चंचलतापूर्वक उसे ऐसा अवसर नहीं देती।]

युवती : इत्मीनान से पी लिया। फिर विविध भारती लगाकर फिल्मफेयर के पन्ने पलटते हुए थोड़ी देर...

युवक : और कोई जगह नहीं।

युवती : बिस्तर पे आराम किया। फिर नीचेवाली मिसेज खन्ना आ गयीं कहने कि अगर कोई जरूरत हो, तो बतलाइयेगा। बेकार तकल्लुफ मत कीजियेगा। हमने कहा कि बेशक, आपसे नहीं कहेंगे, तो किससे कहेंगे भला? यहाँ और कौन है ऐसा, जिसके पास जाकर...

अधेड़ स्त्री : लिस्ट में चाय का डिब्बा भूल गयी मैं।

अधेड़ पुरुष : अभी जायेंगे, तो ले लेंगे।

स्त्री : पिछली बार आधा किलो अरहर की दाल खराब निकली थी,

गलती ही नहीं थी। उसके पैसे कटवा लेना।

पुरुष : कहूँगा...रखी है अभी?

स्त्री : हाँ।

[क्षणिक विराम]

स्त्री : बीमे की किस्त भेज दी?

पुरुष : हूँ।

स्त्री : बिजली का बिल भी आ गया है आज।

पुरुष : कितने का है?

स्त्री : पन्द्रह रुपये चालीस पैसे।

पुरुष : कुछ ज्यादा है इस बार...नहीं?

स्त्री : छुट्टियाँ थीं, इसलिए दोनों पंखे चलते रहे। *(कुछ रुककर)* कल से प्रेस भी खराब पड़ा है।

पुरुष : क्यों? क्या हुआ?

स्त्री : पता नहीं। गर्म ही नहीं होता...सबेरे प्रकाश की कमीज पर बाहर से इस्तरी करवायी। कल आशा की साड़ी पे भी।

पुरुष : क्वायल जल गया होगा।

स्त्री : ठीक करवा लो, वरना बाहर दस पैसे कपड़ा देकर कहाँ तक...

[विराम]

पुरुष : अभी जाकर दिखवा लूँगा। सुनो।

स्त्री : हूँ।

पुरुष : कुछ दिनों से मैं एक बात सोच रहा हूँ।

स्त्री : क्या?

पुरुष : ये पर काफी दूर पड़ जाता है। दफ्तर पहुँचने में घंटा भर तो लगता ही है, अक्सर बस भी एक बार बदलनी पड़ती है। अगर उसी तरफ कोई जगह मिल जाये, तो वक्त भी बचेगा और तीन लोगों का बस का खर्च भी।

स्त्री : उस तरफ कहाँ?

पुरुष : पहाड़गंज के आसपास कहीं...रज्जू तो अब हॉस्टल में रहेगा, इसलिए अगर दो छोटे-छोटे कमरे भी मिल जायें, तो काम चल जायेगा।

स्त्री : कितने तक हो सकता है ये?

पुरुष : यही कोई डेढ़ सौ के इर्द-गिर्द।

स्त्री : *(कुछ ठहरकर, विचारपूर्ण स्वर में)* हाँ, फायदा तो हर तरह से है।

पुरुष : तो पता करूँ?

[स्त्री स्वीकृति में सिर हिलाती है।]

•

वृद्ध : *(इधर-उधर देखते हुए)* दो रोज पहले मीटिंग हुई थी यहाँ। उसी के पोस्टर व झंडियाँ हर सिम्त लगी हैं।

वृद्धा : वही जलूस, जब पिंकी की छुट्टी हुई थी?

वृद्ध : हाँ।

वृद्धा : वो तो...बहू बता रही थी कि गवर्नमेंट के लिए था।

वृद्ध : हाँ, गवर्नमेंट की तरफ से, गवर्नमेंट के लिए।

वृद्धा : हुआ क्या था तब यहाँ?

वृद्ध : *(एक कान पर हाथ रखकर)* क्या?

वृद्धा : *(कुछ जोर से)* हुआ क्या था तब यहाँ?

वृद्ध : वही, जो हर बार होता है, तकरीरें, खयाली-बयानी।

[क्षणिक विराम]

वृद्धा : बहू कह रही थी ऐसा कोई कानून बननेवाला है, जिससे मकान किराएदारों के ही हो जायेंगे।

[वृद्ध मुस्कराकर रह जाता है।]

वृद्धा : *(आत्मलीन-सी)* मैंने अच्छा किया, जो बहू की बात मानकर इन्दिरा गाँधी को वोट दिया। तुम भी चले जाते, तो...

वृद्ध : *(गहरी साँस लेकर)* आलम पसे मर्गे मा चे दरिया चे सराब...

वृद्धा : *(सचेत होकर)* ये निगोड़ी फारसी में क्या बोले?

वृद्ध : किसी शायर का मिसरा है...कि हमारे मरने के बाद दुनिया में चाहे समुन्दर रहे, चाहे रेगिस्तान।

[नेपथ्य से 'ताजी मूँमफली! गरमागरम मूँमफली!' का स्वर। फेरीवाले लड़के का प्रवेश।]

लड़का : पन्द्रह पैसे की एक पुड़िया! ताजी मूँमफली! गरमागरम मूँमफली!

[वृद्ध-वृद्धा के सामने ठिठकता है।]

वृद्ध : नहीं चाहिए, भई। जब दाँत ही नहीं हैं तो...

[लड़का पुकार लगाते हुए स्त्री-पुरुष के सामने रुकता है।]

लड़का : निकालूँ एक पुड़िया, साब?

[क्षणिक विराम]

युवक : *(संकेत सहित)* शीऽऽ...अरे भई मूँगफली!

लड़का : आया साब!

[लपककर निकट आता है। युवक दो पुड़िया लेता है। पैसे देता है। अगले संवाद के बीच पुकार लगाने के मूकाभिनय के साथ लड़के का प्रस्थान।]

●

युवती : *(एक दाना मुँह में डालकर)* आज दिन-भर तुमने क्या किया?

युवक : *(उसी प्रकार)* बताऊँ?

युवती : हूँ।

युवक : किसी से टा-टा करने के बाद सवा दस बजे ऑफिस पहुँचा।

युवती : किससे टाटा करने के बाद?

युवक : है कोई।

युवती : अच्छा फिर?

युवक : रजिस्टर में हाजिरी लगाई गई। दो-तीन साथियों से हैलो-हैलो की। फिर अपनी मेज पर आकर बैठा। सोलह कस्टमर्स के बिल तीन महीने से पड़े हुए थे, उनके नाम रिमाइंडर टाइप करवाये और मैनेजर से सिग्नेचर करवा के डिस्पैच किये। कंट्रेक्टर ने पिछले हफ्ते का रॉ-मैटीरियल सब-स्टैंडर्ड सप्लाई कर दिया था, इसलिए उसका एडवांस रोकने का नोटिस निकलवाया। अगले शनिवार को रिडक्शन सेल होनी है, इसलिए इश्तिहार का मैटर तैयार करवा के चार अखबारों में भिजवाया। फिर झपटकर एक सिगरेट मुँह में दबाई और जैसे ही जलाने को हुआ, तो...

[स्निग्ध दृष्टि से युवती को देखता है।]

युवती : *(मुस्कान सहित)* तो?

युवक : तो याद आया कि किसी ने दिन भर में बस, दस की पाबन्दी लगा दी है।

युवती : किसने?

युवक : है कोई...आप किसी की प्राइवेट बातों में दखल क्यों देती हैं?

युवती : *(हँसी के साथ)* भूल हो गई...आगे?

युवक : पाँच मिनट बाद सिर में कुछ दर्द महसूस हुआ और थोड़ा टेम्प्रेचर...*(युवती तत्क्षण युवक का हाथ छूकर देखती है)* तो ऐस्प्रो की दो गोलियाँ मँगवाईं और हाफ सेट चाय का ऑर्डर देते-देते रुक गया, क्योंकि किसी ने फिजूलखर्ची से बचने की ताकीद की है।

युवती : *(किंचित आवेश से)* बस, तुम्हारी यही एक बात है, जो मुझे बिल्कुल...

युवक : मजे से गोली निगलने के बाद एक गिलास ठंडा-ठंडा पानी...

युवती : तबीयत बड़ी है या पैसा? तुम्हें मेरी कसम, जो...

युवक : गटागट पी लिया। फिर पंखे को पूरी स्पीड पर चलाकर...

युवती : आगे फिर कभी ऐसा किया। तुम हो, तो मेरे लिए सबकुछ है...*(पल्लू का छोर आँखें से छुआती है।)*

युवक : ओफ्फो मधु, मैं तो हँसी कर रहा था।

युवती : *(तरल स्वर में)* हाँ ऽ किसी की जान जाए, तुम्हारी हँसी है।

युवक : अरे भई मैं तो...

युवती : *(दूसरी ओर मुड़ते हुए)* मुझसे बात करने की जरूरत नहीं है... मुझे बोलना ही नहीं किसी से—बस!

[परवर्ती दृश्य के बीच युवक युवती को मनाता रहता है। और अंततोगत्वा सफल हो जाता है।]

●

स्त्री : चलो, रज्जू का दाखिला तो हो गया। मैं तो चिन्ता के मारे...

पुरुष : हो तो गया। पर आई.आई.टी. का बोझ उठाना कुछ मामूली बात नहीं है। फिर साथ में तीनों और बच्चों की पढ़ाई।

स्त्री : सो तो है।

पुरुष : और मुश्किल ये है कि सभी ऊँचे क्लासों में आते जाएँगे। रज्जू का तो खैर पाँच साल का सिलसिला हो ही गया। अगले साल आशा बी.ए. पास कर लेगी। फिर त्योरस प्रकाश हायर सैकेंड्री कर लेगा और गुड्डी जूनियर से सीनियर स्कूल में आ जायेगी।

स्त्री : और इनके साथ हारी-बीमारी, नाते-रिश्तेदारी...सभी कुछ तो लगा है।

पुरुष : *(लम्बी साँस लेकर)* हाँ, रज्जू की माँ!...बड़े कठिन हैं ये पाँच-छह साल!

[विराम]

स्त्री : सुनो!

पुरुष : हूँ।

स्त्री : अगले साल आशा की कुछ नौकरी-वौकरी न हो जाए?...अब तो सभी लड़कियाँ करने लगी हैं।

पुरुष : *(तनिक ठहरकर, विचारपूर्ण स्वर में)* हाँ, करने तो लगी हैं।

स्त्री : थोड़ा सहारा हो जाएगा। फिर अभी ब्याह की कोई भी जल्दी नहीं है—अठारहवाँ ही तो लगा है...पर बात ये है कि करेगी क्या?...मौसी की रश्मी तो किसी स्कूल में पढ़ाती है न?

पुरुष : लेकिन उसके लिए ट्रेंड होना चाहिए। यानी एक साल फिर बीएड में लगेगा और यहाँ तो एडमिशन ही होना बड़ा मुश्किल है।

स्त्री : तो? किसी दफ्तर-अफ्तर में...?

पुरुष : हाँ। ऑफिस-कीपिंग, टाइप व शार्टहैंड के कोर्स होते हैं—तीनेक महीने के। शाम को भी क्लासें होती हैं उनकी। नौकरी भी जल्दी ही मिल जाती है।

स्त्री : *(कुछ रुककर, थोड़ी हिचकिचाहट से)* बस, यही लगता है कि सयानी लड़की का अकेले आना-जाना।

पुरुष : तो क्या किया जाये, रज्जू की माँ! मन पक्का करना ही पड़ेगा. ..थोड़ा तजुर्बा हो जाये उसे, तो आगे चलकर मेरे ऑफिस में भी गुँजाइश हो सकती है।

●

वृद्धा : *(एक ओर संकेत सहित)* हाय राम, देखो तो...कैसे कपड़े पहने है वो लड़की!

वृद्ध : *(एक नजर देखकर)* क्यों?...तुम्हारी लाड़ली जैसे ही तो हैं!

वृद्धा : रहने दो इतनी बेहयाई के कपड़े नहीं पहनती डॉली।

वृद्ध : यानी इससे कुछ कम बेहयाई के तो पहनती है!

वृद्धा : जमाना बदल गया है अब।

वृद्ध : वो तो जाहिर है। तुम्हारी बहू ही उस रोज क्या कहते हैं, उसे, बैल-बॉटम चढ़ाए हुए थी।

वृद्धा : वो तो डॉली ने भेंट किया था—अपनी माँ के जन्मदिन पर। उसनेजिद की, तो बहू बेचारी को पहनना पड़ा।

वृद्ध : ठीक है अब तुम भी ले लेना यही भेंट—अपने जन्मदिन पर।

वृद्धा : तुम तो बेकार...*(रुक जाती है। विराम)* तुम्हारी डॉली से अब बात नहीं होती कुछ?

वृद्ध : *(फीकी मुस्कान से)* उसे फुरसत ही कहाँ होती है। मेरे पास बैठने की?...अभी तो कायनात खुल रही है उसके सामने परत-दर-परत...

वृद्धा : वो तो कह रही थी कि दादा जी मुझसे कुछ नाराज हैं—बोलते नहीं।

वृद्ध : मैं न किसी से नाराज हूँ, न खुश। अब तो बस, खामोश हैं और...तमाशाए-अहले-जहाँ देखते हैं।

वृद्धा : *(अपनी ही धुन में)* पिंटू भी कह रहा था कि अब मुझसे बात...

वृद्ध : *(कुछ चिढ़कर)* क्या बात करूँ?...बित्ते-भर की वो मिन्नी-मिन्नी स्कर्ट पहनने पर डॉली को मुबारकबाद दूँ? या कि पिंटू की हौसला अफजाई करूँ कि शाब्बास! तात्या टोपे जैसी कानों तक की कलम रखकर आप बड़े...

वृद्धा : *(धीमे स्वर में)* जब बेटा और वह कुछ नहीं कहते, तो...

वृद्ध : *(थोड़ी तेजी से)* मैंने कुछ कहा...? जिसको जो पसन्द हो, वो करे! मैंने सब अनसुना कर दिया। सब नजरअन्दाज कर दिया ...मैं वहाँ हूँ जहाँ से मुझको भी, कुछ अपनी खबर नहीं आती।

वृद्धा : पर अपना ही खून है। एक ही घर में रहते हुए...

वृद्ध : हाँ, बिल्कुल है। बचपन की यही डॉली थी, जो शबो-रोज मेरे सीने पे गरेबाँ की तरह रहती थी, लेकिन अब उसका तौर-तरीका फर्क है, जो मुझे पसन्द नहीं। वो अपनी खू (आदत) न छोड़ेंगे, हम अपनी वजा (स्वभाव) क्यों छोड़ें?...वो अपनी चहल-पहल में खुश, हम अपनी तनहाई में मुत्मइन—बस, मुझे छेड़ो मत...हूँ

सरापा साजे आहँगे (रागिनी)—शिकायत। कुछ न पूछ, है यही बेहतर कि लोगों में न छेड़े तू मुझे!

•

युवक : लाओ, तुम्हारा हाथ देखूँ।

युवती : तुम्हें हाथ देखना आता है?

युवक : *(मुस्कान सहित)* और नहीं तो क्या मसखरी कर रहा हूँ? मैंने ज्योतिष विद्या का पार्ट टाइम कोर्स किया है।

युवती : *(हँसती है)* अच्छा मुझे नहीं पता था।

[युवक युवती का हाथ पकड़ता है।]

युवती : *(आसपास संकेत कर चंचलतापूर्वक)* जालिम जमाना...

युवक : *(लापरवाही से)* ऊँह...बलराज एंड कम्पनी के बैंड के साथ ब्याह कर लाया हूँ। हाँ, अगर भगाकर लाया होता, तो...

युवती : धत्...

[युवक मुस्कान दबाते हुए, गम्भीर रहने के असफल प्रयत्न के साथ युवती की हथेली देखता है।]

युवती : कुछ बताओ न!

युवक : यह रही जन्म की रेखा।

युवती : *(कृत्रिम आश्चर्य से)* अच्छा!

युवक : *(होठों-ही-होठों में कुछ बुदबुदाता है)* इसके हिसाब से तुम्हारी पैदायश पंजाब की होनी चाहिए।

युवती : *(मुस्कराती है)* बिल्कुल ठीक है।

युवक : और यह है जिन्दगी की लकीर।

युवती : यानी मैं अभी जिन्दा हूँ।

युवक : *(मुस्करा पड़ता है, पर फिर गम्भीर हो जाता है)* वैसे बचपन में तुम किसी हादसे से बाल-बाल बची हो।

युवती : *(गद्गद हो)* सचमुच...आपने तो बिल्कुल सही बतलाया।

युवक : *(रोब से)* हम बहुत पहुँचे हुए ज्योतिषी हैं, बच्चा!

युवती : *(खाँसकर)* लेकिन बाई द वे, ये मेरा दायाँ हाथ है।

युवक : *(क्षण-भर को हतप्रभ हो जाता है। फिर बायाँ हाथ थामते हुए, सँभलकर)* पामिस्ट्री की नयी थ्योरी के मुताबिक दोनों हाथ

पकड़े जाते हैं—अगर लड़की खूबसूरत हो तो *(युवती झेंपी-सी मुस्कराती है!)*...ये सहेली-लाइन है। इसके हिसाब से तुम्हारी बहुत पुरानी और पक्की सहेली होनी चाहिए एक...शायद उसका नाम बी से हो,...यू.पी. में कहीं रहती है। *(खाँसकर)* और ये रही सन्तान की लकीर।

युवती : धत...*(हाथ छुड़ा लेती है।)*

पुरुष : *(मुस्कान सहित)* ऑफिस में कई लोगों ने मुबारकबाद दी आकर—रज्जू के लिए।

स्त्री : *(प्रफुल्लित-सी)* अच्छा?

पुरुष : कहा, बड़ा होनहार है।

स्त्री : दया है भगवान की।

पुरुष : *(ठण्डी साँस लेकर)* मैं तो कुछ नहीं कर सका, लेकिन...

स्त्री : क्यों नहीं कर सके? ऐसी भरी-पूरी गिरस्ती चला रहे हो, और क्या करता है आदमी।

पुरुष : ये तो खैर, कहने की बातें हैं। लेकिन ये सन्तोष है मन में कि लड़का जरूर बड़ा आदमी बनेगा।

स्त्री : वैसे प्रकाश भी होशियार है पढ़ाई में।

पुरुष : साइंस में अच्छा रहा, तो उसे भी किसी टेक्नीकल लाइन में ही डालेंगे।

स्त्री : *(कुछ ठहरकर, भेद भरे स्वर में)* एक बात बताऊँ?

पुरुष : क्या?

स्त्री : रज्जू मन-ही-मन बहुत इज्जत करता है तुम्हारी। *(पुरुष अत्यन्त उत्सुक हो, प्रश्नसूचक दृष्टि से देखता है)* अभी एक दिन कह रहा था, बाबू मुझे जैसे पढ़ा रहे हैं, मैं जानता हूँ। भगवान ने मुझे किसी लायक बनाया, तो उम्र भर उनकी सेवा करूँगा।

[विराम]

पुरुष : *(गद्गद होकर)* पगला है!

•

वृद्धा : लीला की चिट्ठी आई है।

वृद्ध : *(कान पर हाथ रख)* क्या?

वृद्धा : *(कुछ जोर से)* चिट्ठी आई है लीला की।

वृद्ध : अच्छा।

वृद्धा : लिखा है अगले महीने की चौबीस को मंजू की सगाई है। पिता जी व अम्मा जरूर आएँ।

वृद्ध : *(मुस्कराता है)* मैं—और इस उम्र में कलकत्ते जाऊँगा...इत्तिफाके सफर उफ्ताद व पीरीं गालिब, ऊँचे अज पाये नयामद ज असामी आयद!

वृद्धा : क्या कहा?

वृद्ध : बुढ़ापे में सफर का इत्तिफाक हुआ। जो पैर से न हो सका, ओ लाठी से होता है।

वृद्धा : तो क्या करोगे? नहीं जाओगे?

वृद्ध : किशोर ने चिट्ठी देख ली? जो वो ठीक समझेंगे, करेंगे, पिंटू को भेज देंगे। न होगा तो खुद चले जायेंगे...असायेपीर ब जाये पीर! *(वृद्धा की प्रश्नसूचक दृष्टि देखकर)* बूढ़े की लकड़ी बूढ़े की नुमाइंदगी करती है।

वृद्धा : *(तनिक सोचकर)* ठीक है। तो फिर मैं भी नहीं जाऊँगी।

वृद्ध : *(स्नेह से वृद्धा की ओर देखता है। कुछ ठहरकर, बदले हुए स्वर में)* लाजवंती!

वृद्धा : *(सिर का पल्ला ठीक कर लेती है)* हूँ।

वृद्ध : चालीसेक साल तो हुए होंगे अपनी शादी को? कुम्भ ही पड़ा था न उस बरस।

वृद्धा : *(कुछ खोये-से स्वर में)* हाँ।

[विराम]

वृद्ध : *(गहरी साँस लेकर)* मैं तो तुम्हें कोई सुख नहीं दे सका। सारी जिन्दगी तुम्हारी चूल्हे-चौके में ही चली गई।

वृद्धा : *(नरमी से)* कैसी बातें करते हो...मैं तो अपने को बहुत अच्छे नसीब वाली समझती हूँ और क्या चाहिए किसी को? लिहाज करनेवाले बेटा-बहू हैं, लड़की अपनी गिरस्ती में मगन है, सिर पर तुम्हारा हाथ है।

वृद्ध : *(आजिजी से)* तुम्हारी तरफ से बेफिक्र हूँ, इसीलिए ये जिन्दगी और भी बोझ मालूम देती है...बस, अब तो उठा ले भगवान!

वृद्धा : छिः-छिः कभी शुभ भी बोला करो। मेरी तो ये मनौती है कि जब मेरी अर्थी उठे, तब तुम कन्धा लगाओ।

वृद्ध : *(हल्की मुस्कान से)* तुम्हें तो डॉली का ब्याह देखना है, पिंटू का बच्चा खिलाना है, तो बाबा मुझे क्यों घसीटती हो अपने साथ?

•

युवक : मधु, एक बात तो बताना भूल ही गया।

युवती : क्या?

युवक : आज मैंने इंश्योरेंस के कागजों पे सिग्नेचर कर दिए हैं...पता है, अब क्या कीमत है मेरी? *(युवती प्रश्नसूचक दृष्टि से देखती है)* दस हजार।

युवती : *(स्नेहसिक्त उपालंभ से)* छिः...*(युवक का हाथ थामकर उससे सट जाती है।)* बहुत बेशकीमती हो तुम!

युवक : *(भावविभोर होकर कुछ क्षण उसे देखता रहता है। विराम। कोमल स्वर में)* भल्ला का फोन आया था आज। अगले हफ्ते सिलेंडर मिल जाएगा।

युवती : चलो, सहूलियत हो जायेगी। *(विराम)* एक बात कहूँ?

युवक : *(युवती के माथे पर बिखरी एक लट सँवारते हुए)* तो कहिए, जनाब!

युवती : क्या हम जगह नहीं बदल सकते?...एक कमरा अकेले आदमी के लिए तो ठीक है, लेकिन...।

युवक : *(तनिक ठहरकर)* दरअसल ये बात खुद मेरे दिमाग में थी। पर इतनी जल्दी सबकुछ हुआ कि बन्दोबस्त हो नहीं पाया।

युवती : वैसे हम लोगों के लिए कोई बात नहीं, पर कोई आए-जाए, तो...

युवक : नहीं-नहीं, ले लेंगे जल्दी ही...दो कमरे, किचन, बाथरूम, एट्रेंस अलग से—ठीक?

[युवती हामी से सिर हिलाती है। नेपथ्य से 'इवनिंग न्यूज। इवनिंग न्यूज!' चिल्लाते हुए फेरी वाले लड़के का प्रवेश।]

लड़का : *(पुकारकर)* इवनिंग न्यूज...शाम की ताजा खबर...टैक्सी ड्राइवर ने मुसाफिर को छुरा घोंप दिया!

[युवक संकेत से लड़के को बुलाता है और सिक्का देकर

समाचार पत्र लेता है। कुछ क्षणों देखता है, जिनके बीच लड़के का पुकार लगाते हुए प्रस्थान।]

युवक : *(कलाई की घड़ी देखकर)* अभी टाइम है...पिक्चर देखेंगे प्लाजा में।

युवती : *(कुछ दुर्बल स्वर में)* परसों ही तो देखी थी एक।

युवक : अरे यार, तो क्या डॉक्टर ने मना किया है कि आल्टरने डेज पे फिल्म नहीं देख सकते?

युवती : घर पहुँचते-पहुँचते दस बज जाते हैं। खाने में फिर कम-से-कम...

युवक : खाना भी बाहर ही खा लेंगे *(मुस्कराकर)* अभी तो महीने का पहला हफ्ता है। *(तत्क्षण खड़ा हो जाता है।)* ना मत करो, दोस्त। बस, मूड हो गया। एकदम...आ जाओ अब।

[हाथ बढ़ाता है। युवती हल्की मुस्कान से उसकी ओर देखती है, फिर पर्स लेकर उसके हाथ के सहारे उठ खड़ी होती है। दोनों का हाथ में हाथ डाले प्रस्थान। स्त्री-पुरुष ने तिरछी निगाह से इन दोनों को देखा है।]

•

स्त्री : नयी-नयी शादी है।

पुरुष : हूँ।

[विराम]

स्त्री : क्या बजा है?

पुरुष : *(घड़ी देखकर)* सवा छह।

स्त्री : चलें? बच्चे आने को होंगे रैली से। फिर अभी पंसारी के यहाँ भी थोड़ी देर लगेगी।

गुरुष : चलो।

[दोनों का प्रस्थान]

•

वृद्धा : डॉक्टर ने क्या कहा?

वृद्ध : चीनी ट्रेसेज में ही रह गयी है। डायबिटीज थोड़ा काबू में आ जायेगा।

वृद्धा : चलो, अच्छी बात है।

वृद्ध : पर लगता है, ये चश्मा बेकार हो गया अब। हर्फ पहचानने तक में मुश्किल होती है...तुम्हारा घुटनों का दर्द कैसा है अब?

वृद्धा : ठीक नहीं। दो दिन से ठण्डी हवा चल रही है, सो उभर आया है।

वृद्ध : अब की सर्दियों में तुम्हारा मोतियाबिन्द का ऑपरेशन करा लें? तब तक तो पूरा उतर आएगा।

वृद्धा : हाँ। किशोर भी कह रहे थे।

वृद्ध : *(आसपास देखता है)* मेरा दायाँ कान तो बेकार था ही, अब बाएँ से भी धीमी बात सुनाई नहीं देती।

[छड़ी के सहारे सँभल-सँभलकर उठने लगता है।]

वृद्धा : *(उठकर सहारा देते हुए)* मुझे दूर की चीज दिखाई नहीं देती ठीक से। यह तो मालूम हो जाता है कि कोई है, पर कौन है, यह पहचान में नहीं आता।

[दोनों धीरे-धीरे चलने लगते हैं।]

वृद्ध : ब्लडप्रेशर का क्या हाल है?

वृद्धा : तीन-चार दिन से तो ठीक है...तुम्हारा दाँतों का सेट कब मिलेगा।

वृद्ध : कल शाम के लिए कहा है। *(गहरी साँस लेकर)* जिन्दगी बर गर्दनम उफ्ताद बे दिल चारा नीस्त, चार बायद जेस्तन नाचार बायद जीस्तन।

वृद्धा : क्या?

वृद्ध : जिन्दगी मेरे लिए बोझ बन गई है। कोई रास्ता नहीं। *(दोनों मंच छोड़ने लगते हैं।)* चाहे खुशी से हो चाहे मजबूरी से—इसे बिताना ही होगा।

[अंधकार]

विनोद रस्तोगी

रंगमंच का उचित ध्यान रखते हुए नाटक की रचना करने वाले साहित्यकारों में विनोद रस्तोगी का महत्त्वपूर्ण स्थान है। आपका जन्म इन्दौर में और शिक्षा-दीक्षा कन्नौज तथा कानपुर में हुई। नाटककार के अलावा आप उपन्यासकार और कवि भी हैं। आपका यथार्थवादी नाटक 'आजादी के बाद' पुरस्कृत है तथा हिन्दी के आधुनिक नाटकों में महत्त्वपूर्ण माना जाता है। 'पुरुष का पाप', 'बहू की विदा', 'नये हाथ', 'गोपा का दान', 'निर्माण का देवता', 'काले कौए', 'कसम कुरान की', 'स्वर्ग के खँडहर', आपके उपन्यास और जिन्दगी के गीत काव्यसंग्रह हैं। रेडियो-एकांकी नाटक, लिखने में भी आप सिद्धहस्त हैं। आपके कतिपय एकांकियों का अनुवाद गुजराती में हो चुका है।

बहू की विदा

विनोद रस्तोगी

पात्र-परिचय

जीवनलाल : एक धनी व्यापारी, अवस्था 50 वर्ष।
राजेश्वरी : जीवनलाल की पत्नी, अवस्था 46 वर्ष।
रमेश : जीवनलाल का पुत्र, अवस्था 22 वर्ष।
कमला : रमेश की पत्नी, अवस्था 19 वर्ष।
प्रमोद : कमला का भाई, अवस्था 23 वर्ष।

[कमरा आधुनिक ढंग से सजा है। सामने की ओर बायें कोने में रेडियो और दायें कोने में पुस्तकों का रैक है। कमरे के बीच मे सोफा-सेट है। छोटी गोल मेज पर सुन्दर फूलदान रखा है। कमरे में दो द्वार हैं। सामने वाला द्वार अन्दर जाने के लिए है और बायीं ओर का द्वार बाहरी बरामदे में खुलता है। दोनों पर पर्दे पड़े हैं। दायीं ओर खिड़की है जो खुली हुई है।]

पर्दा उठने पर जीवनलाल खिड़की के समीप खड़े दिखाई पड़ते हैं। वे बाहर की ओर देख रहे हैं। आँखों पर चश्मा है। भरे हुए चेहरे पर बड़ी-बड़ी मूँछे हैं। सिर गंजा है। धोती-कुर्ता पहने हैं। मुख पर गम्भीरता और समृद्धि के चिह्न हैं।

[उससे कुछ दूर हटकर ही प्रमोद विनम्र भाव से खड़ा है। वह पैंट और बुशर्ट पहने है। चेहरे पर निराशाजन्य करुण भाव है।]

प्रमोद : *(आगे बढ़कर धीमे स्वर में)* क्या निर्णय किया आपने?

जीवनलाल : विदा नहीं होगी।

प्रमोद : लेकिन जरा सोचिए तो। यदि आपने विदा नहीं की तो बहन की क्या दशा होगी।

जीवनलाल : मैंने उसकी दशा का ठेका नहीं लिया है।

प्रमोद : हर लड़की पहला सावन अपनी सखी-सहेलियों के साथ हँस-खेलकर बिताने का सपना देखती है।

जीवनलाल : जानता हूँ।

[जीवननाल सोफे पर बैठकर जुम्हाई लेते हैं, मानो प्रमोद की बातों से ऊब रहे हों।]

प्रमोद : यह जानकर भी...

जीवनलाल : अपना निर्णय सुना चुका हूँ। विदा नहीं होगी।

प्रमोद : यदि मैं कमला को बिना लिए ही गया तो माँ का हृदय टूट जायेगा।

जीवनलाल : मैं मजबूर हूँ। अगर माँ-बहन का इतना ही ख्याल था तो दहेज पूरा क्यों नहीं दिया?

प्रमोद : *(दीन स्वर में)* अपनी सामर्थ्य के अनुसार जितना भी हो सका हमने दिया। फिर भी अगर...

जीवनलाल : *(कड़े स्वर में)* अगर तुम्हारी सामर्थ्य कम थी तो अपनी बराबरी का घर देखते। झोंपड़ी में रहकर महल से नाता क्यों जोड़ा?

प्रमोद : *(हाथ जोड़कर)* जी...

जीवनलाल : *(उठकर आवेश से टहलते हुए)* देना तो दूर, बारात की खातिर भी ठीक से नहीं की गयी। मेरे नाम पर जो धब्बा लगा, मेरी शान को को जो ठेस पहुँची, भरी बिरादरी में जो हँसी हुई, उस करारी चोट का घाव आज भी हरा है। जाओ, कह देना अपनी माँ से कि अगर बेटी विदा कराना चाहती हैं तो पहले उस घाव के लिए मरहम भेजें।

प्रमोद : जी...आप इस समय तो विदा कर दें। हम गौने में आपकी हर माँग को पूरी करने की चेष्टा करेंगे।

जीवनलाल : मैंने दुनिया देखी है, प्रमोद! ये बाल धूप में सफेद नहीं हुए हैं। और तुम...*(उत्तेजित स्वर में)* कल के छोकरे मुझे बेवकूफ बनाना चाहते हो।

प्रमोद : यह आप क्या कह रहे हैं?

जीवनलाल : ठीक कह रहा हूँ। मेरा फैसला आखिरी है। विदा तभी होगी, जब पाँच हजार नगद *(दायाँ हाथ फैलाकर)* इस हाथ पर रख दोगे।

प्रमोद : *(आवेश में)* यह तो सरासर अन्याय है। शिकायत आपको हमसे है।। उस भोली-भाली लड़की ने आपका क्या बिगाड़ा है, जो विदा न करके आप उससे बदला ले रहे हैं? अगर रमेश बाबू होते...

जीवनलाल : तो वह क्या कर लेता? मेरे सामने मुँह खोलने की हिम्मत नहीं है उसमें। वह मेरा बेटा है। तुम्हारी तरह बड़ों के मुँह लगने की बदतमीजी करने वाला कोई आवारा छोकरा नहीं।

प्रमोद : *(अपमान से तिलमिलाकर)* बाबूजी? बेटीवाला समझकर ही आप मेरा अपमान कर रहे हैं। किन्तु...किन्तु यह न भूलिए कि आप भी बेटी वाले हैं।

जीवनलाल : हाँ, हम भी बेटी वाले हैं। लेकिन तुम्हारी तरह नहीं। पिछले महीने हमने भी अपनी गौरी की शादी की है। वह खातिरदारी की कि बारात वाले दंग रह गये। इतना दहेज दिया कि देखने वालों ने दाँतों तले उँगली दबा ली। *(दाद-मिश्रित आवेश)* तुम मेरी बराबरी करोगे? हूँ...बेटी वाले...बेटी वाले होकर भी हमारी मूँछ ऊँची है। समझे!

प्रमोद : जी...

जीवनलाल : रमेश गया है गौरी को विदा कराने। *(कलाई पर बँधी घड़ी देखकर)* कुछ देर में उसे लेकर ही आता होगा। मेरी बेटी पहला सावन यहाँ बितायेगी। तुम्हारी बहन के सपने कभी पूरे नहीं होंगे और उसके सपनों के खून का दाग तुम्हारे हाथों और तुम्हारी माँ के आँचल पर होगा! समझे!

प्रमोद : *(व्यंग्य से)* जो हमारी बहन है, क्या वह आपकी कोई नहीं

जीवनलाल : *(तेजी से)* बेटी और बहू को एक तराजू पर तौलना चाहते हो? बेटी बेटी है और बहू बहू!

प्रमोद : ठीक है। जब अपनी जिद पर अड़े हैं, तो विनती करना व्यर्थ है। *(रुककर धीमे स्वर में)* क्या जाने से पहले एक बार बहन से मिल सकता हूँ।

जीवनलाल : जरूर! और हाँ, उसे यह भी बताते जाना कि अगली बार मेरे लिए मरहम लेकर विदा कराने कब आओगे? *(ऊँचे स्वर में)* अरे, सुनती हो, गौरी की माँ! जरा बहू को भेज दो। अपने भाई से मिल ले आकर। *(सहज स्वर में)* मैं तब तक देखूँ कि माली के बच्चे ने झूला डाला या नहीं! *(द्वार की ओर बढ़ते हैं : द्वार का पर्दा हटाकर मुड़ते हुए)* गौरी के लिए झूला डाल रहा हूँ लॉन में।

[जीवनलाल का प्रस्थान। प्रमोद थका-सा सोफे पर बैठ जाता है। अन्दर से कमला आती है। चाँद से सुन्दर मुखड़े पर उदासी की घटा है। हाथों में लाल चूड़ियाँ हैं। रेशमी साड़ी-ब्लाउज पहने है। प्रमोद के पास जाकर चुपचाप खड़ी हो जाती है-सिर नीचा किये।]

प्रमोद : *(भारी स्वर में)* बैठ जाओ कमला।

[कमला पास ही बैठ जाती है।]

प्रमोद : अच्छी तरह तो हो?

[कमला सिसकने लगती है।]

प्रमोद : *(आर्द्र स्वर में)* पागल न बनो, कमला! रोओ मत, मैं कहता हूँ, रोओ मत! इन मोतियों का मूल्य समझने वाला यहाँ कोई नहीं है। पानी से पत्थर नहीं पिघल सकता!

कमला : *(सिसकती हुई)* भैया! क्या...

प्रमोद : घबराओ मत! मैं जल्दी ही फिर आऊँगा और उस बार विदा अवश्य होगी, क्योंकि मैं चोट का मरहम लेकर आऊँगा।

कमला : *(न समझने के ढंग से)* मरहम...?

प्रमोद : हाँ, कमला! हमारे व्यवहार से बाबूजी के कलेजे में घाव हो गया है। उन्हें मरहम चाहिए और उस मरहम की कीमत है पाँच हजार रुपये!

[कमला चौंककर भाई की ओर देखती है।]

प्रमोद : तुम चिन्ता न करो, कमला! मरहम का प्रबन्ध हो जायेगा। इस गिरे हाल में भी मकान सात-आठ हजार में बिक ही जायेगा।

कमला : *(व्याकुलतापूर्ण आग्रह से)* मेरी विदा के लिए घर न बेचना भैया! आपको मेरे सुख-सुहाग की सौगन्ध है।

प्रमोद : यह क्या कह रही हो तुम? क्या तुम नहीं चाहती कि पहला सावन सखी सहेलियों के साथ माँ के घर बिताओ।

कमला : किस लड़की की कामना नहीं होगी, भैया? लेकिन, लेकिन उस कामना की पूर्ति के लिए इतनी बड़ी कीमत चुकानी, कहाँ तक ठीक है? साल दो-साल में विमला का ब्याह भी आपको करना है। आवेश में आकर...

प्रमोद : *(बीच में ही)* लेकिन तुम...

कमला : मेरी चिन्ता आप न करें। सच, विदा न होने से मझे जरा भी दुःख न होगा।

प्रमोद : कमला...

कमला : गौरी आ रही है। बहुत अच्छा स्वभाव है उसका। हर समय हँसती-हँसाती रहती है। उसके साथ रहकर मुझे सखी-सहेलियों की कमी बिल्कुल नहीं अखरेगी। आप विश्वास करें, भैया।

प्रमोद : लेकिन आज नहीं तो कल रुपया तो देना ही पड़ेगा, कमला। कागज के टुकड़ों पर अपना स्नेह और प्यार बेचने वालों के बीच तुम इस तरह कब तक रह सकोगी?

कमला : धीरे-धीरे सब ठीक हो जायेगा, भैया। माँजी ममता की मूर्ति हैं ही, बाबूजी जरा जिद्दी स्वभाव के हैं। समय के साथ वे भी सब भूल जायेंगे।

प्रमोद : मुझे तो ऐसा नहीं लगता। सब एक ही धातु के बने हैं। हो सकता है, माँजी की ममता सिर्फ़ दिखावा हो!

[अन्दर से राजेश्वरी का प्रवेश। गोरा रंग, स्वथ शरीर। सफेद साड़ी और ब्लाउज पहने हैं।]

राजेश्वरी : कैसा दिखावा भैया?

[प्रमोद चौंक पड़ता है। कमला और प्रमोद उठने का उपक्रम करते हैं।]

राजेश्वरी : *(दूसरे कोच पर बैठती हुई)* बैठे रहो तुम लोग। *(हँसकर)* क्या बातें हो रही थीं भाई-बहन में?

प्रमोद : बस, कुशल-क्षेम पूछ रहा था।

राजेश्वरी : हाँ, विदा के लिए क्या कहा उन्होंने?

[प्रमोद मौन रहता है। कमला दृष्टि नीची कर लेती है।]

राजेश्वरी : समझ गयी, अपनी जिद के आगे वे किसी की सुनते ही नहीं। जब तुम्हारी चिट्ठी आयी थी तभी मना कर रहे थे। मैं तो समझाते-समझाते हार गयी। क्या कहा उन्होंने?

[प्रमोद अब भी मौन है।]

राजेश्वरी : मुझसे शर्म कैसी? मेरे लिए जैसा रमेश वैसे ही तुम। बोलो, कितना रुपया चाहते हैं वे?

प्रमोद : जी...जी, रुपये की तो कोई बात नहीं हुई। वे तो...

राजेश्वरी : *(बीच में ही)* माँ से झूठ बोलते हो। मैं उन्हें अच्छी तरह जानती हूँ। इन्सान से ज्यादा प्यारा उन्हें पैसा है।

प्रमोद : जी...आप...

राजेश्वरी : *(प्रमोद की ओर गूढ़, दृष्टि से देखती हुई)* बोलो, कितना रुपया लेकर वे विदा करने को तैयार हैं? चुप क्यों हो? बताओ।

प्रमोद : *(धीमे और उदास स्वर में)* पाँच हजार।

राजेश्वरी : बस! मैं देती हूँ तुम्हें रुपये। उनके मुँह पर मारकर कहना कि यह लो कागज के रंग-बिरंगे टुकड़े, जिन्हें तुम आदमी से ज्यादा प्यार करते हो। *(उठकर सामने वाले द्वार की ओर बढ़ती हुई)* मैं अभी लाती हूँ।

प्रमोद : *(उठकर)* ठहरिए, माँजी।

[राजेश्वरी रुक जाती है और मुड़कर प्रमोद की ओर देखती है।]

प्रमोद : मुझे रुपये नहीं चाहिए। मैं बिना विदा कराये ही जा रहा हूँ।

[कमला उसी प्रकार मूर्तिवत् बैठी है।]

राजेश्वरी : *(लौटती हुई)* यह क्या कह रहे हो, बेटा? मेरे रहते विदा न हो, यह कभी नहीं हो सकता। मैं माँ हूँ, माँ के दिल को समझती हूँ। *(भारी स्वर में)* जिस तरह उतावली होकर मैं गौरी की राह देख रही हूँ, उसी तरह तुम्हारी माँ भी कमला की राह देख रही होंगी। नहीं, विदा जरूर होगी। तुम अकेले नहीं जाओगे।

[कमर से कुँजियों का गुच्छा निकालकर कमला की ओर बढ़ाती है। प्रमोद खिड़की की ओर मन्द गति से बढ़ता है।]

राजेश्वरी : जाती क्यों नहीं? *(गुच्छा कमला के हाथ में थमाती हुई)* जल्दी कर। (कमला उठकर 'माँजी' कहती है और फिर सिसकने लगती है। राजेश्वरी 'मेरी बेटी' कहकर उसे हृदय से लगा लेती है। प्रमोद खिड़की से बाहर की ओर देखने लगता है।

जीवनलाल : *(बाहर से)* अरे, सुनती हो! गौरी के आने का समय हो गया। तुमने स्वागत की कोई तैयारी नहीं की।

राजेश्वरी : *(कमला से)* जा बेटी! तू अन्दर जा।

[कमला अन्दर जाती है। प्रमोद बाहर बाले द्वार की ओर देखता है, जिधर से जीवनलाल आते हैं।]

जीवनालाल : अरे, तुम यहाँ खड़ी हो? जाकर तैयारी करो स्वागत कही जरा यह भी तो देख लें कि नाक वाले अपनी बेटी का स्वागत कैसे करते हैं।

राजेश्वरी : *(चिढ़कर)* गालियों के अलावा कभी सीधी बात नहीं निकलती मुँह से? जब देखो तब बेढंगी बातें!

जीवनलाल : यह लो। इसमें कौन-सी गाली दे दी मैंने?

राजेश्वरी : तुम समझते हो कि दुनिया में एक तुम्हीं नाक वाले हो, और सब नकटे हैं।

जीवनलाल : तुम्हें तो मेरी हर बात में बुराई ही दिखाई देती है। प्रमोद, तुम्हीं बताओ, मैंने कोई बुरी बात कही है?

प्रमोद : *(धीरे-धीरे आगे बढ़ता हुआ)* ठीक ही कहा है आपने। आज के युग में पैसा ही नाक और मूँछ है। जिनके पास पैसा नहीं, वह नाक-मूँछ होते हुए भी नकटा है, मूँछकटा है।

[नेपथ्य से हार्न का स्वर]

जीवनलाल : *(प्रसन्न स्वर में)* आ गयी मेरी गौरी! *(राजेश्वरी से)* अरे खड़ी-खड़ी मेरा मुँह क्या देख रही हो? अन्दर से मिठाई का थाल लाओ।

राजेश्वरी : **[राजेश्वरी उसी प्रकार खड़ी रहती है। उसकी दृष्टि बाहर वाले द्वार की ओर है। प्रमोद भी उसी ओर देख रहा है।**

अन्दर वाले द्वार के परदे की ओट में कमला खड़ी है। बाहर से उसका हाथ दिखाई पड़ रहा है। जीवनलाल बड़े उत्साह से द्वार की ओर बढ़ते हैं। तभी बाहर से रमेश आता है। इकहरे बदन का सुन्दर नवयुवक है वह। पैंट और कमीज पहने हैं। हाथ में बरसाती कोट है। चेहरे पर उदासी के चिह्न हैं। बरसाती कोट कोच पर रखकर चुपचाप खड़ा हो जाता है।]

जीवनलाल : *(बाहर वाले द्वार का पर्दा हटाकर बाहर झाँकने के बाद घबराये हुए स्वर में)* गौरी कहाँ है?

रमेश : *(धीरे स्वर में)* वह नहीं आयी।

जीवनलाल : नहीं आयी? क्यों तबीयत तो ठीक है उसकी?

रमेश : जी हाँ!

जीवनलाल : फिर?

रमेश : उन्होंने विदा नहीं की!

[राजेश्वरी हतप्रभ-सी कोच पर बैठ जाती है। कमला के हाथ में कम्पन होता है, जिससे पर्दा भी हिल जाता है। प्रमोद बड़े ध्यान से जीवनलाल की ओर देख रहा है।]

जीवनलाल : *(जैसे किसी ने छाती पर घूँसा मार दिया हो)* विदा नहीं की? क्यों नहीं की विदा?

रमेश : कह रहे थे, दहेज पूरा नहीं दिया गया।

जीवनलाल : *(बिगड़कर)* हमने तो जीवनभर की कमाई दे दी और उनकी नजर में दहेज पूरा नहीं दिया गया। लोभी कहीं के!

राजेश्वरी : *(उठकर)* उन्हें क्यों भला-बुरा कह रहो हो? बेटी वाले चाहे अपना घर-द्वार बेचकर दे दें, पर बेटे वालों की नाक-भौंह सिकुड़ी ही रहती है।

जीवनलाल : मगर शराफत और इन्सानियत...

राजेश्वरी : *(बीच में ही)* अब शराफत और इन्सानियत की दुहाई देते हो। कुछ देर पहले तो...

जीवनलाल : चुप रहो तुम!

राजेश्वरी : बहुत चुप रही। अब नहीं रहूँगी। आखिर क्या कमी है बहू के दहेज में? मगर तुम हो कि...

जीवनलाल : *(अनसुनी करके)* मेरी बेटी की विदा न करके उन्होंने मेरा अपमान किया है। मैं...मैं...

राजेश्वरी : तुम भी तो किसी की बेटी की विदा न करके अपमान कर रहे हो किसी का।

जीवनलाल : *(चीखकर)* गौरी की माँ!

राजेश्वरी : अब भी आँखें नहीं खुलीं, जो व्यवहार अपनी बेटी के लिए तुम दूसरों से चाहते हो, वही दूसरे की बेटी को भी दो। जब तक बहू और बेटी को एक-सा नहीं समझोगे, न सुख मिलेगा और न शान्ति।

[जीवनलाल बेचैनी से इधर-उधर टहलते हैं। वे हाथ मल रहे हैं। सिर नीचे झुका है। प्रमोद रमेश के पास जाकर खड़ा हो जाता है।]

जीवनलाल : बहू और बेटी! बेटी और बहू!! अजीब उलझन है। कुछ, समझ में नहीं आता।

राजेश्वरी : अगर हर बेटे वाला यह याद रखे कि वह बेटी वाला भी है, तो सब उलझनें सुलझ जायें।

जीवनलाल : *(रुककर पत्नी की ओर देखते हुए)* शायद तुम ठीक कहती हो।

प्रमोद : *(आगे बढ़कर धीमे स्वर में)* अब मुझे आज्ञा दीजिए, बाबूजी!

जीवनलाल : (चौंककर) ऐं...

प्रमोद : मेरी गाड़ी का समय हो रहा है। मैं जा रहा हूँ। *(द्वार तक आता है। फिर घूमकर)* मैं जल्द ही फिर आऊँगा। विश्वास रखें, इस बार आपकी चोट के लिए मरहम लाना न भूलूँगा।

जीवनलाल : (दुखी स्वर में) ठहरो, प्रमोद! मुझे और लज्जित न करो। बेटा! मेरी चोट का इलाज बेटी की ससुराल वालों ने दूसरी चोट से कर दिया है।

प्रमोद : *(लौटता हुआ आश्चर्य से)* बाबूजी...!

जीवनलाल : *(निश्वास छोड़कर)* कभी-कभी चोट भी मरहम का काम कर जाती है, बेटा! *(राजेश्वरी की ओर मुड़कर)* अरे, खड़ी-खड़ी हमारा मुँह क्या ताक रही हो? अन्दर जाकर तैयारी क्यों नहीं करतीं? बहू की विदा नहीं करनी है क्या।

[कमला का हाथ पर्दे की ओट में हो जाता है। वह हर्ष के आँसू पोंछती हुई शीघ्रता से अन्दर जाती है। रमेश और प्रमोद मुस्कुराकर एक-दूसरे की ओर देखते हैं। जीवनलाल मन्द गति से खिड़की की ओर बढ़ते हैं और तभी धीरे-धीरे यवनिका गिरती है।]

❑❑